20世紀ジャズ名盤

大 谷 能 生

A Guide to
100 Great Jazz Albums
in 20th Century

JN058457

イースト・プレス

はじめに

　イースト・プレス社からの依頼で、『20世紀ジャズ名盤100』という本を書き下ろすことになりました。

　たまたまもう読んでいたんですが、同社からは2022年に『日本語ラップ名盤100』という本が出版されており、このシリーズの二作目として「ジャズ」はどうか？という話になったとのことだそうです。韻踏み夫氏によるこの本は、「日本語ラップ」を歴史的な流れに沿って体系的に記述した労作で、1987年をとりあえずの起点とし、そこから現在まで約35年分の作品を四つの時期に分けて紹介する内容となっています。

　シリーズだから、前著の形式を踏まえた方がそれっぽくてイイよね？と、最初の打ち合わせで担当編集氏に聞いたところ、まあそれは著者のやりやすい方向で……とのことだったので、持ち帰ってしばらく考えた結果、この「ジャズ」本も四つのパートに分けて、それぞれ25枚のアルバム作品を取り上げて（＋その関連盤を「サイドB」として一枚併記して）解説する、という構成で書いてみることにしました。

　漠然と頭にあったのは、「近代絵画の歴史を、100枚の名画を並べて現物で見せる」みたいな展示で、たとえば美術館を大きく四つの部屋に区切って、それぞれ25枚ずつ重要な作家の決定的な作品を並べて、近代における絵画の本質とその広がりを明らかにする……みたいな、きわめて贅沢なキュレーションが出来ないかなー、ということでした。

コレ絵画だと、個人蔵も含めて世紀の傑作は全世界に散らばってるので（どんだけ予算があっても！）一箇所に集めるのはまずムリなんですが、しかし「複製物がオリジナル」であるレコード&CD作品なら自分の部屋でもこれは全然オッケーな作業であるわけです。

　「ジャズ」は20世紀とともに、つまり、音楽が録音され、モノに刻まれ、商品として売り買いされることが当たり前になった時代に誕生し、成長しました。また「ジャズ」とは、親から子へとタテに受け継がれる「民俗文化」としてではなく、多様な出自を持つ人々をヨコにつなぐ、おそらく歴史上はじめてあらわれた「大衆文化」としての性格を色濃く持った音楽です。この音楽には、多民族による植民国家として、そして、典型的に資本主義が発展した国としての「アメリカ合衆国」の20世紀の姿が写し込まれており、『20世紀ジャズ名盤100』をキュレーションするということは、現在ぼくたちが生きているこの21世紀が、その前の100年間はどんな状態だったのかを耳で聴いて理解する、そのためのディスプレイを試みる作業でもあると思っています。

　この本では、とりあえず、20世紀のはじまりから時代順に〈第1章 ポップスの古層としてのジャズ〉〈第2章 モダニズム芸術として結晶化したジャズ〉〈第3章 創造の現在形としてのジャズ〉〈第4章 世界音楽のプロトタイプとしてのジャズ〉という区切りを設けてみました。

各部屋に展示してあるのは基本的に「アルバム」という
フォーマットにまとめられた作品です。20世紀の半ばまで、
商品としての録音物は、3分前後の音がABウラオモテ二面
に記録された円盤というメディアが標準的でした。この盤
を何枚か実際に、たとえば「卒業記念」みたいなテーマで
一冊に綴じたものがつまり「アルバム」であったわけです
が、ひとつの円盤で40〜60分ほどの収録が可能になった
1950s／LP時代に入ってこの「アルバム」という発想は
むしろ過熱化し、「ジャズ」の「モダン」化に大きな影響
を与えることになります。

　1980sに誕生した「CD」もこの流れをそのまま引き継い
だメディアであり、20世紀の産業的傾向が色濃く刻印され
たLPおよびCDとしてリリースされた作品が、この本の基
本的な選択対象となっております。

　とは言え、まあ、ここで取り上げられている作品の多く
は、現在ではデータとしてネット上にUPされて聴くことが
出来るものだと思いますので、この本を片手に検索＆プレ
イし、まだまだ終わらない20世紀をレペゼンする「ジャ
ズ」のミリオン・シークレッツに耳を傾けて頂ければ幸い
です。

　では、はじめましょうか。

本書の見方

★紹介する名盤は基本CDですが、一部LPもあります。

★レコード・ジャケットにレーベル名を添えています。複数のレーベルから発売されている名盤がありますが、現在入手しやすいものを示しています。

★一つの項で2枚の名盤をあわせて紹介している場合があります。その場合、レコード・ジャケットはリリースが古いものを掲載しています。

★邦題がひろく知られている作品名は邦題で記載しています。

★「演奏」の項では、紙幅の都合上、簡略化して記載しています。詳細は各名盤のクレジットをご覧ください。

★「オススメ曲」を記載しています。CDを探して聴いてみるほか、サブスクリプション・サービスで「オススメ曲」から検索して聴いていくのもオススメです。

楽器の略号　※下記のほかは、楽器名を記載しています。

arr	：編曲	org	：オルガン
as	：アルトサックス	p	：ピアノ
b	：ベース（エレキベース、コントラバス含む）	per	：パーカッション一般
bcl	：バスクラリネット	ss	：ソプラノ・サックス
bs	：バリトンサックス	syn	：シンセサイザー
cello	：チェロ	tb	：トロンボーン
cl	：クラリネット	tp	：トランペット
cond	：指揮	ts	：テナーサックス
ds	：ドラムス	tuba	：チューバ
fh	：フリューゲルホーン	vib	：ビブラフォン
fl	：フルート	viola	：ビオラ
frh	：フレンチホルン	vln	：バイオリン
g	：ギター	vo	：ボイス、ボーカル
kbd	：キーボード一般	vtb	：バルブトロンボーン

目次 Index

ポップスの
古層としてのジャズ

モダニズム芸術として
結晶化したジャズ

創造の現在形
としてのジャズ

世界音楽の
プロトタイプとしてのジャズ

ポップスの古層
としてのジャズ

　20世紀がはじまった時点で、たとえば、1900~1910年のあいだにアメリカ合衆国が受け入れた移民はおよそ700万人超だったと記録されている。当時のニューヨーク州の人口が約727万とのことなので、まるまるひとつの州が作れるほどの「外国人」がこの十年でアメリカの住民となったわけだ。東欧、イタリア、ロシアおよびバルト諸国などからやってきた彼ら彼女らはエリス島の入国審査施設を通過して、その多くはそのまま先人たちが形成するニューヨークの民族居住区に入り、また、鉄道に乗ってシカゴ、ピッツバーグ、デトロイトなどに点在する工場や屠殺場などに出向し、すでに「世界第一の工業国」の座を占めていた（ヘンリー・フォードによるT型自動車のリリースが1908年である）アメリカ産業を支える労働者として定着することになる。

　南北戦争の終結が1865年、アメリカ大陸横断鉄道の完成が1869年。南部諸州の敗北によって解放された奴隷たちは、しかしまったく改善されないどころかより悪条件になった農業地帯での労働を放棄して北部へと移住をはじめ、20世紀の初頭にはシカゴやニューヨークにも民族街を形成しはじめていた。国外および国内からの、この二つのあらたな「移民」が交接することによって生まれた芸能・文化が、現在まで続く「20世紀のポピュラー・カルチャー」のはじまりである。——そして、この文化における最大の収穫の一つが「ジャズ」であった。

1899年にスコット・ジョップリンがセントルイスで出版した「メイプル・リーフ・ラグ」の楽譜は100万部のヒットを飛ばし、ロシア系ユダヤ人であるアーヴィング・バーリンは1911年に（実は音楽的には全然「ラグ」ではない）「アレクサンダーズ・ラグタイム・バンド」を出版してNYのティンパン・アレー業界を沸き立たせ、この二つはどちらも都市における「気楽な娯楽としてのカップル・ダンス」の隆盛を大いに支え、全米がラグのステップに明け暮れていた1917年に欧州ではWWⅠが勃発。その煽りで閉鎖されたニューオリンズの歓楽街のミュージシャンたちは遊覧蒸気船で演奏しながらミシシッピ河を遡って続々と北部へと向かい、その船でのルイ・アームストロングの演奏を見て自分もコルネットをはじめたのがビックス・バイダーベックであり……戦後「狂騒の1920s」へと突入したアメリカにおいて、これらのシェイクされたダンスとミュージックは戦勝国アメリカの自由を象徴するカルチャーとして、20世紀生まれの若者たちによって大いに賛美され、堪能された。このタイミングで成立したコトバこそが「ジャズ」である。

　この章で取り上げる25（×2）作品は、このような「20世紀初頭」の「都市」における「あらたな芸能」としての「ジャズ」のさまざまな姿を写し取った録音から選んでみた。大きな軸としては、NYの音楽出版社がきわめてマス・プロダクト的に制作する「歌物」の黄金時代を前提に、それらの楽曲を随時活性化させるブラックなビート＆ダンスの最新形に当時の「流行」の姿を見る……という視座を採用している。この往還が全米規模にまで浸透した段階が「オール・アメリカン・ミュージック」としての「スウィング・ミュージック」の成立というわけで、逆にいうと、ここから再び「ジャズ」はまた「ポップス」とは異なった独自の領域へ自身の本質を移行させてゆくことになる……ってことで、こっから先が第2章の話になるわけです。

　この時期の作品のオリジナルは基本SP盤＝三分間芸術であり、アーティスト名の「V.A」とは「Various Artists」＝「いろんな人」ってことで、何枚かのSP盤をまとめてアルバムにしたものがここでは多く取り上げられている。これCDで聴くのが簡単なんで、もし可能ならばどっか中古でCDラジカセを見つけて購入して（二、三千円で買えるかと。あと実家にあるかも！）、寝る間際なんかに一枚ずつ聴くのがいいんじゃないかなーと思います。20世紀の商品としての音楽がリアルに経験出来る、CDはまだまだ可能性に充ちた未来のメディアですぞ。お試しあれ。

Emarcy

Jazz Classic Masterpieces Vol.1-4

V.A.

そもそもジャズは流行りのダンス・ミュージックだった

　まずは当時の最新のダンス・ミュージックとしての「ジャズ」のサウンドを確認しておこう。1980sの後半、CD時代のはじまりにあってリリースされたこの4枚組ボックスは、「ニューオリンズ」「シカゴ」「ニューヨーク」「ホットタウン」（←全米各地に拠ったいわゆる「テリトリー・バンド」を集成）という地理的な区分でまとめられた、1917年の記念すべきオリジナル・ディキシーランド・ジャズ・バンドの演奏といった有名どころから、19歳のベニー・グッドマンの初トリオ録音といったレア音源まで、ダンス・クレイズたちが熱狂したこの音楽の全領域を聴くことが出来るコンピレーションである。このあいだ見たらディスク・ユニオンで千円台で売ってましたよ！

　特筆すべきは音質の良さである。ライナーによると、このコンピを企画したのはオーストラリアのロバート・パーカーという人で、〈まず新品同様のSPレコードのコレクションからはじめ、15種の針先を用意すると同時に、V形の音溝の左右の壁に刻まれた信号をステレオで拾い、それを比較して、ノイズが少なく、音質のいいチャンネルを選んで使う〉という方法でほぼ完全なノイズ・リダクションに成功している。いやホント、まったく針音がしないんですよ。帯域と音圧と保存状態がそれぞれ異なるSP一枚一枚にこの作業をおこなうのはハンパなく大変で（PC以前の、まだデジタル非破壊的編集が出来ない時代である）聴いていると、「オレのコレクションを最高の状態で完璧にデジタル化＝永久保存してやるぜ！」という

演奏：Jelly Roll Morton's Red Hot Peppers,
King Oliver's Jazz Band,
Johnny Dodds Orchestra,
King Oliver & His Dixie Syncopators,
Carroll Dickerson's Savoyagers, etc.

オススメ曲
♪ Too Tight
♪ Clarinet Marmalade
♪ That's a Plenty

サイドB
♪ Get Out and Get Under the Moon
♪ Carioca
♪ Who?

想いがじわじわと伝わってきて、そんなところも感動的である。

　世界初のジャズ・ディスコグラフィーはフランス人のユーグ・パナシェが書き、その英訳を読んだ油井正一が戦前の日本においてジャズに目覚め……というわけで、このミュージックの魅力は全米を超えて、むしろ海外においてさらに熱狂的に、レコードと文献に乗っかって伝播してゆくことになるのであった。個人的に興味深かったのは「シカゴ」盤における、いわゆる「オースティン高校ギャング」周りの録音がまとめて聴けるところ。中産階級の白人ティーンズによる「ブラック・ミュージック」のコピー・バンドの、これらがもっとも古い記録であるだろう。

サイドB 1920〜1930年代録音

Good Old Day Call ポピュラー音楽の夜明け
V.A.

　で、「ダンス」よりもっと「ポピュラー」な方向の「ジャズ」をまとめたコンピレーションはないかな〜と探すと、日本でもヒットした1920〜1930sの「洋楽」のオリジナルを集めたこの2枚組がありました。編纂と解説はリアルタイムでこのサウンドを享受していた（映画のポスター美術でも著名な）野口久光氏。ガイ・ロンバード楽団の「上海リル」やビング・クロスビー＆ポール・ホワイトマン楽団の「月光価千金」（名訳！）など、スウィートでエキゾなこのロマンチシズムが昭和初頭のモダンである。このCDも音が良い！

002 | 1890～1940年代録音

American Pop from Minstrel to Mojo
:On Record, 1893 - 1946

V.A.

20世紀前半のアメリカ大衆音楽を知りたいなら、ここから

　1893年の黒人ヴォーカル・カルテットにはじまり（シリンダー録音！）、スーザのマーチ、アル・ジョルスン、カントリーとヒルビリーとブルース、もちろんニューオリンズ、ビッグバンド、さらにT・ボーン・ウォーカーからレニー・トリスターノまで、録音として記録されたものだけに限るならば、20世紀前半のアメリカ大衆音楽の隅々までを一望出来る、これは決定的な9枚組である。

　「隅々までを一望」といっても、相手は広大かつ起伏に富んだ多民族国家の芸能である。CDを取り替えながらグッと視座を衛星軌道あたりまで飛ばしてみたり、歌手の唾がかかるほど接近してみたり、たとえば大恐慌勃発前後の2～3年間だけを聴き直して、その当時の雰囲気を想像してみたり……みたいなことを繰り返しながら何度でも再生して、いまある「ポップス」の母型を想像してみる過程はとっても刺激的な経験である。

　それにしても、たとえば1928～1930年の3年間だけでも43トラックの音源が収録されているんですよ！　しかもその並びは、チャーリー・プールズのブラック・ヒルビリー→ルイ・ラッセルのニューオリンズ・ジャズ→ブラインド・ブレイクのカントリー・ブルース→メンフィス・ジャグ・バンド→ベッシー・スミス……(CD5) みたいに、絶妙につながりながらその音楽性をシフトさせてゆく配置になっていて、これ実際には当時聴いていたリスナーの層はおそらく相当に異なっていて、つまりここにあるのは「レコードされたもの」だけが作り出すことが出来るまさしく20世紀にしかあり得な

(→P32)

演奏：The Unique Quartet, Kid Ory's Sunshine Orchestra, Jelly Roll Morton, Dallas String Band, Riley Puckett, Two Poor Boys, The Golden Gate Quartet, Sister Rosetta Tharpe, etc.

オススメ曲
♪ Mama's Black Baby Boy
♪ It's All Right Now
♪ Guitar Rag
♪ Dark Was the Night, Cold Was the Ground

サイドB
♪ Chinatown My Chinatown
♪ Introduction to a Waltz

い架空のマップなわけなのである。

　編集者アレン・ロウ（ミュージシャンとしても活躍）はそのあたり十分に自覚的であり、この9枚でもっとも強く引かれているラインは、このコンピが終わったあと、つまり1950sに入るとさらにくっきりと耳に聴こえるものになる「ブラックネス」の系譜である。大衆の娯楽としての音楽に刻み込まれた声とリズムの運河を体感してみていただきたい。（ちなみにこれ、アレンの著作が本体で、そのオーディオ版です。CDだけでも購入可能）。

サイドB 1930〜1940年代録音

Swing Era Big Bands 1934 - 1947
V.A.

Fremeaux & Associés

　もうちょっと違う「アメリカ大衆音楽の世界線」の記述はないかな……と思って探してみたら棚から出てきたのがコレ。ドーシー兄弟、ベニー・グッドマン、グレン・ミラー（真珠湾直後のラジオ放送を収録）などなど、オール白人リーダーのビッグバンドで揃えた2枚組である……別にこの並びだけで完結させても「ジャズ」はまったく問題ないかもね、と、ふと思わせるようなゴージャスな演奏の連続。冒頭に中野忠晴「貴方のために」の元ネタであるカサ・ロマ楽団の「Chainatown My Chinatown」収録のフランス編纂盤。

Vaguard

From Spirituals to Swing
V.A.

1930年代のニュー・ミュージック、「スウィング」の登場

　大恐慌による不況の大波を受けて苦戦が続いていた1930s初頭の音楽業界、特にホットなダンス・バンドは出演するフロアも激減し、サッチモ、エリントンらは欧州遠征などでなんとか食いつないでいる最中、1935年になって希望の光を放つニュー・ミュージック＆ニュー・スターが登場する。ベニー・グッドマンの「スウィング・ミュージック」である。

　狂騒の1920sはもう遠くなり、「ジャズ」という（もともとゲヒンな口語である）ジャンルも一部のマニアと一緒に地下に潜ってしまっていた当時、ベニーのストレートなクラリネット・プレイおよびフレッチャー・ヘンダーソンのクリアなアレンジ、および、「スウィング」というイイ感じのジャンル名をあらためて与えられた「ジャズ」は（その音楽性は変わらないまま）全アメリカ市民に「これがわれわれの音楽だ！」と大歓迎されたのであった。

　ベニーは1937年にパラマウント劇場での公演を成功させ（映画館なので未成年も入場可能。油井正一氏の記述によると、ライブは朝からスタートし、午後3時までに入場者は1万人を超えたという）、1938年初頭にはダンス・バンドとしてはじめて（しかも白人・黒人混合編成で）クラシックの殿堂カーネギー・ホールに進出し「スウィング」の覇権を決定付けるが、そのベニーの親友であり、大富豪のジャズキチドラ息子である傑物ジョン・ハモンドは、満を持して、ということなのだろうか、その年の年末、同じくカーネギーにて当時としては画期的な「オール・ブラック」によるリサイタルを

演奏：Count Basie And His Orchestra,
John Hammond, New Orleans Feetwarmers,
Big Bill Broonzy with Albert Ammons,
Benny Goodman Sextet, James P. Johnson, etc.

オススメ曲
♩ Swingin' the Blues
♩ Jumpin' Blues
♩ Rock Me

サイドB
♩ Don't Be that Way
♩ Sing Sing Sing

敢行する。

　最強のグルーヴ・マシーン＝カウント・ベイシー楽団を中軸に、シカゴからすでに伝説となったレント・パーティのブギウギ奏者（みな基本アマチュアである）を発掘して呼び寄せ、ゴスペルはカルテット・スタイルで、そしてソニー・テリーにソロでブルース・ハープを披露させ……などなど、ハモンドは当日パンフのタイトルを「ザ・誰も知らない音楽」としているが、「いま流行の音楽の基盤にはこれ、このような、真っ黒なミュージックとミュージシャンたちがいるのである」と高らかに宣言したのであった。

　このコンサートを見て大感激し、楽屋でブギ・ピアニストに思わず「録音させてください」と口走ってしまったのがドイツ出身の輸入商勤めのアルフレッド・ライオン。ここから「Blue Note」レーベルがスタートすることになる。

サイドB 1938年録音

Carnegie Hall Jazz Concert
ベニー・グッドマン

　スウィングの人気を決定付けた、そのカーネギー・ホールにおけるベニー・グッドマン楽団の1938年初頭のライブの記録がこれ。ワン・マイクによる録音がCBSのスタジオに中継されて残っていたらしい。拍手の音など観客の反応も実にビビッド。ジーン・クルーパのドラム・ソロで有名な「Sing Sing Sing」の熱演も聴けます。

Before the Blues Vol.1
V.A.

Yazoo

やや影の薄い、ストリングス・ミュージックの系譜を辿る

ジャズ＝ニューオリンズ起源説を全面的に採用すると、基本的なラインは管楽器演奏スタイルの変化／進化を辿るところに太く引かれることになって、そうするとワリを食うことになるのは、これも実は相当に影響がデカい全米各地のストリングス・ミュージックの系譜である。

バンジョー、フィドル、ギター、マンドリンなどをかき鳴らしながら唄い踊る音楽の伝統こそがおそらく、労働者としてのヨーロッパ系移民と奴隷の子孫としてのアフリカ系移民との第一の接点であったはずであり、たとえばカントリー・ブルースにおけるヨーロッパ・バラッド音楽の影響は、歌詞だけではなくその楽曲フォームにおいても大きいことが、近年の研究の結果すでに定説となっている（と思う）。初期ブルースとカントリーに共通するヨーデル的裏声の使い方も含めて、民衆の歌はそんなに簡単に民族で区分けすることは出来ないのである。

このアルバムはそんな視点から、「ブルースの真正性」に関わる言説がまだ生まれる以前の、白人シンガーによるブルース・フォームによった演奏や、黒人ソングスターたちによるカントリー風音楽などを集めたコンピレーションで、この方向に「ポップスの古層」を探って伸ばしてひっぱっていった過程の先にロック＆フォークの大隆盛もある、というわけで、ハリー・スミスによるアンソロジーや、このアルバムも取り上げられている『アメリカン・ルーツ・ミュージック』（アルテス・パブリッシング）などの著作と一緒に鑑

演奏：Andrew And Jim Baxter, Henry Thomas,
Sam Collins, Mississippi Mud Steppers,
Seventh Day Adventist Choir, etc.

オススメ曲
♪ Bamalong Blues
♪ Run Mollie Run
♪ John Hardy

サイドB
♪ Buck Dance
♪ I Love Jesus, Yes, I Do

賞いただきたい一品である。

　そうそう、つい先日公開された、長年にわたるアラン・ローマックス主宰の民謡研究を集大成したサイト「The Global Jukebox」は、彼らが集めた世界中の「民謡」を自身の端末上で自由に（無料で！）聴けるというもので、アクセスするとついついずっと聴いちゃうものすごい資料集である。ルーツ・ミュージックとポピュラー・ミュージックのその境界に立ち、そのあわいに浮かぶ飛沫を浴びることは、現在においても可能であるし、またとても重要な体験ではないだろうか。日本でもこれ作れるといいですね。

サイドB 1942年 / 1969年 / 1970年録音

Traveling through the Jungle
V.A.

　こちらはミシシッピで収録された、ファイフ(fife)と呼ばれる笛と太鼓と声のアンサンブルによる演奏のコンピ。録音は1942年のものと1969年／1970年のものとに分かれるが、世界ではいろいろあったはずの30年間、この地方の音楽は全然変わっていない！　これホントに北米で録音した演奏？と目が点になるほどワイルド＆プリミティヴで、この伝統は21世紀の現在もまだ残っているのでしょうか？　現実は想像より全然すごい。

Verve

Cheek to Cheek
the Irving Berlin Songbook
V.A.

鼻歌作曲家がつくる、多民族国家の音楽とは

　生涯で千曲以上の楽曲を出版し、ジェローム・カーンと並んで「アメリカン・ポピュラー・ミュージック」を定礎した偉大なるアーヴィング・バーリン。しかし彼は、楽譜の読み書きが出来ず、ピアノも弾けず、鼻歌およびレバーによってキーを上げ下げ出来る特殊なピアノ（の黒鍵だけ）を使って曲を作り、その音を採譜者に書き取らせて譜面にしてその場で弾かせ、それが自分の頭の中で鳴っているサウンドと違っている場合はしつこく書き直させ、ということはやはり（彼と付き合ったピアニストはみんな証言してるけど）バーリンはしっかりした音感と天性のメロディ・センスと頑固な意見の持ち主であって、なんといっても「White Chrismas」や「God Bless America」や「How Deep Is The Ocean」といった超デカい曲の作者なのである。

　ここまですでに十分にエピソード多数であるが、そもそも彼はポグロムを逃れて5歳の時にアメリカに逃げてきたユダヤ系ロシア人であり、父親はユダヤ教会のキャンター、彼もバワリィの貧民街で「唄うウェイター」として労働をはじめ、適当な替え歌を作って唄っているうちに「Marie from Sunny Italy」という曲が楽譜会社に売れて初出版となり、その時に本名のIsrael Balineをアメリカ的に砕いてIrving Berlinにあらため、最初のヒット曲は「Alexander's Ragtime Band」——と、彼の作曲履歴はユダヤとロシアとアメリカとイタリアとイスラエルとベルリンがごっちゃになることではじまっている。まさしく、多民族国家に相応しい雑種の音楽の作り手がバーリンな

演奏：Billie Holiday, Fred Astaire,
Billy Eckstine And Sarah Vaughan,
Ernestine Anderson, Bing Crosby, etc.

オススメ曲
♪ I've Got My Love to Keep Me Warm
♪ Blue Skies
♪ Cheek to Cheek

サイドB
♪ Isn't this a Lovely Day?
♪ A Fine Romance
♪ Funny Face

のであった。

　彼の楽曲を集めたコンピはいろいろと出ていますが、手に入りやすいものでオススメはこちら。ビリー・ホリディの小粋な名唱（泣ける！）からはじまり、ビング・クロスビーやカサンドラ・ウィルソンまで登場するお得盤である。

　バーリンに興味を持った方はぜひジャズ・ピアニストで著述家の村尾陸男先生の偉業「ジャズ詩大全」シリーズの別巻『アーヴィング・バーリン編』（中央アート出版社）を。バーリンは101歳まで生きて1989年に亡くなった。これもすごい。

サイドB 1920～1940年代録音

Let's Face the Music
フレッド・アステア

FRED ASTAIRE
Let's Face The Music
Avid

　バーリンの曲を一番たくさん、そしてもしかすると一番上手に唄っているのはフレッド・アステアかもしれない。ダンサーとしての実力は当然として、シンガーとしての彼の仕事を集めたこのアルバムのほぼ半数はバーリン曲である。その他、ジェローム・カーン、ジョージ・ガーシュイン、ジョニー・グリーンなどを唄い踊るアステアのこの感じが「粋」ってことで、まあ、教養や憧れとしてではなく、日々の振る舞いにこのサウンドを反映させるよう粛々と聴き込みたいところではあります。

🎵 ポップスの古層としてのジャズ

Louis Armstrong and His Hot Five & Hot Seven 1925 - 1928

ルイ・アームストロング

ジャズ界における最初のスター

　ルイ・アームストロング。このジャズ史上初にしておそらく最大の個性が、①ニューオリンズのストリートに育ち②少年院でコルネットに出会って③正式な教育を受けないまま楽器を習得④南部から好景気に沸く北部都市へと移住して⑤即興的に繰り広げる演奏と歌とを披露し⑥一躍、全米規模のスターとなった……という履歴を持っていたことが、「ジャズ」という音楽のそのあとの「語られ方」を決定付けたのではないかとぼくは思う。「サッチモ」というアダ名と共に、WASP的文化の枠組みをあらゆる方向に大きく逸脱したこのギャングスタ・プレイヤーの登場が、自身のアイデンティティーの捉え直しを課題としていた1920sのアメリカを激しくキックしたのである。

　ダンス・ミュージックとしてのジャズの基本は、当然だがそのリズムにある。ニューオリンズからやって来たブラスバンドたちは、強烈にシンコペーションするアンサンブルでマーチ的な直行する時間をねじ曲げ、ゆがみと切れ目が繰り返し発生する（現代的な！）ダンス・フロアを聴衆に提供した。差異と反復に充たされたそんな時間の中で、サッチモははじめて「ソリスト」として、つまり、自身の演奏によってきわめて個人的な感情を表現することが出来るということを示したミュージシャンだったのである。彼の演奏は突出しており、ステージに上がった彼が自身のコルネットで、あるいは直接的にその歌でもって語るストーリーにみんなが耳を傾けた。この語りの見事さは、晩年に吹き込まれた「What's the Wonderful

演奏：Louis Armstrong(cornet,vo),
Lil Hardin(p),
Johnny Dodds(cl, as), Kid ory(tb),
Johnny St.Cyr(banjo, g), Baby Dodds(ds), etc.

オススメ曲
♪ Hotter Than That
♪ West End Blues
♪ Tight Like This

サイドB
♪ the Peanut Vender
♪ Stardust
♪ Georgia On My Mind

World」（ザ・ビートルズ全盛期の1967年に全英1位獲得！）まで
衰えることはない。

　ここで紹介するアルバムは、日本が誇る戦前ジャズの復刻レーベ
ル「オーディオ・パーク」による、サッチモはじめてのリーダー・
バンドによる吹込みをまとめた一枚である。史上初のスキャット歌
唱の録音といわれる「Heebie Jeebies」も含めた20代後半の20曲。
バンドによるキレのよいリズム表現（ここにあるリズムこそが当時
の最新のダンス・ビートである）を支えにして展開される、ジャズ
を「演奏者の個性を聴くもの」へと連れ出したサッチモのコルネッ
トとヴォーカルを確認してみてほしい。

サイドB 1929～1939年録音

Sings Jazz Standards 1929 - 1939
ルイ・アームストロング

　同じくオーディオ・パークによる編集の一枚。1920～1930sはア
メリカにおけるいわゆる「スタンダード」楽曲の黄金時代である。
ティン・パン・アレイにおいてユダヤ系のアメリカ人によって量産
されたこれらの楽曲を、サッチモは独自の歌唱法で見事に唄った。
日本でも何度も邦訳されカヴァーされた「Dinah」、のちにレイ・
チャールズ・ヴァージョンが特大ヒットとなる「Georgia on My Mind」、
ミルス・ブラザーズとの共演「In the Shade of the Old Apple Tree」
（この時代の古典）など聴きどころ多数。

JSP

Jelly Roll Morton
:1926 - 1930

ジェリー・ロール・モートン

「オレがジャズの創始者だ!」、30年代におきたビーフ

〈ジャズとストンプの創始者／ビクター所属アーティスト／ホットなチューンを書かせたら世界一の作曲家〉——これは1938年（「From Spirituals〜」と同年）に、ニューオリンズ出身のベテラン・ピアニスト／バンド・リーダー／作編曲家であるジェリー・ロール・モートンが、あるラジオ番組の内容に抗議するための投書に書いた自身の肩書きである。

彼は当時すでに引退してナイト・クラブの経営者に収まっていたが、このラジオ番組が「W.C.ハンディのブルース作品特集」をおこない、その中でハンディを「ブルースの創始者」として持ち上げたことに腹を立て、モートンは「ハンディはブルースなんか弾けないし、彼の曲はみなパクリである。自分こそが1902年にジャズを作ったのである」などなどと主張したのであった。

この投書はジャズ雑誌「ダウン・ビート」にも掲載されたのでファンたちにも広く読まれ、ハンディの反論も同誌に掲載され（この2本は『Jazz Legends　ダウン・ビート・アンソロジー』（シンコー・ミュージック）に収録）、折からのスウィング・ミュージック・ブームに乗って話題となり、まあ、投書の書き振りはともかく、モートンは確かに「ジャズ」創世期における偉大なるアーティストの一人である。ウチにある盤はイギリス編集の5枚組で、とにかくいろんな編集があるのでどのコンピがイイとは一概にいえないのだけれど、「Black Bottom Stomp」や「Wild Man Blues」「Red Hot Pepper」あたりが入っていればOKだと思う。

演奏：Jelly Roll Morton, Jelly Roll Morton And His Orchestra, etc.

オススメ曲
♪ Black Bottom Stomp
♪ Sidewalk Blues
♪ Dead Man Blues
♪ Mr.Jelly Lord

サイドB
♪ The Spanish Tinge

　彼がルル述べているのは、オレはもともとは裕福なクリオール家系の出身であって、しっかりした教育を受けていてもちろん譜面も読めるしクラシック曲も弾ける。他の（貧民街出身の、無学な）ミュージシャンと一緒にするんじゃない！ということである。実際、彼の楽曲は細かいところまで良く整えられたアンサンブルが特徴であり、またふっと漂ってくるラテン音楽的テイストにも魅力がある。ラグを弾かせても流麗で、しかし、こうしたクリオール由来のセンスとプライドはもう旧弊なものとして、この時代の「ジャズ」を巡る言説においては特にプラスには働かなかったのであった。20世紀初頭のアメリカ最南端エキゾ・ローカル音楽として、あらためてモートンのこのサウンドを聴き取ってみたい。

サイドB 1938年録音

Complete Library of Congress Recordings
ジェリー・ロール・モートン

　投書の効果もあったのだろうか、1938年にアラン・ローマックス親子は国会図書館の仕事としてモートンのインタビューをおこない、ピアノを弾きながら彼が自身の作品を語る大量の録音が残された。彼が実際に弾いてみせる、ハバネラからラグタイムが生まれてゆく過程などの実演には目から（耳から）ウロコである。現在では断片的にYouTubeなどにアップされているようなので実際に聴いてみてほしい。この記録を残して彼は1941年に逝去。合掌。

Bessie Smith
1925 – 1933

ベッシー・スミス

「クラシック・ブルース」という種の代表として

　ベッシー・スミスが属しているとされるいわゆる「クラシック・ブルース」と呼ばれるジャンルは、20世紀のポップスにあっては例外的に、現在すでに完全に絶滅してしまった 種 （カテゴリー）のひとつである。初期のジャズに関わった人々の語りを集めた重要文献『私の話を聞いてくれ』（筑摩書房。このタイトル自体がマ・レイニーの楽曲からの引用である）で多くのミュージシャンが語っているように、ベッシーは堂々たる風格でもってブルースを唄った。しかし、このアルバムの1曲目「The Yellow Dog Blues」がW.C.ハンディの作曲であることに象徴されるように、彼女が取り上げる楽曲自体は基本、ショウなどで披露されるために作られたポピュラー・ソングがメインなのである。つまり彼女が唄う「ブルース」は、プロの作詞作曲家が創作したショウのためのフィクションなのだ。

　そんなポップ・チューンから見事にベッシーはブルースを搾り出したわけだが、彼女が交通事故死した1937年（黒人のため治療を拒否され病院をタライまわしにされた挙句の失血死だったと伝えられている。先述したハモンドのコンサートは彼女の記憶に捧げられたものでもあった）あたりを境にして、「個」としての自分の経験を自分でコトバにして、自分で楽器を弾きながら自分で唄う、というロウなスタイルこそが「ブルース」本来の姿である、という言説がポップス史の中で機能しはじめる。いわゆる「カントリー・ブルース」から「ダウン・ホーム・ブルース」を経由して「リズム・アンド・ブルース」の沃野を形成するこのラインを明確にすること

演奏：Bessie Smith(vo),
Louis Armstrong(cornet),
Fred Longshaw(harmonium),
Charlie Dixon(banjo), Buster Bailey(cl),
Joe Smith(cornet), etc.

オススメ曲
♪ the Yellow Dog Blues
♪ Careless Love Blues
♪ Muddy Water

サイドB
♪ Lover Come Back to Me
♪ I'll Close My Eyes

によって、ブルースは、「他人に擬態する・他者の言説を利用する」
ことの（ねじれた、しかし、真実の）力を利用する「ジャズ」とは
また異なった音楽性を誇ることになるのであった。

　しかし、まあ、そんなことはどうでもよろしい。電気吹込み以前
以後でもまったく変わりなく明瞭にサウンドするベッシーの歌声は、
威厳とはこうしたものだということを示す、まさに「ブルースの皇
后」の名に相応しい響きである。

サイドB 1940〜1950年代録音

Milestones of a Legend
ダイナ・ワシントン

　そんなベッシーの死と入れ替わるようにしてキャリアをスタート
させたダイナ・ワシントン。彼女こそジャズとブルースとR&Bの魅
力を、その一身にすべて引き受けたアメリカ最大の歌手の一人であ
る。盤も曲もなんでもいいから、悪いこといわないからとにかく何
か彼女の歌を聴いてみて欲しい。まあもちろん最初はポピュラー・
ヒットした「What a Differnce A Day Makes」がいいかも。こんな小
唄にもブルースは宿るのである。絶品。

009 | 1920～1930年代録音

Fletcher Henderson Story

フレッチャー・ヘンダーソン

挫折だらけのインテリが完成させたビッグバンド・アレンジ

　副題は「A Study in Frustration」——邦訳すると「挫折の研究」とか「落胆の研究」ってところだろうから、CD3枚組の大作にこんなコピーを付けるなんてなかなかにいい度胸である（編者はまたしてもジョン・ハモンド！）。

　フレッチャー・ヘンダーソン、愛称スマックは、ジョージア州のハイクラス黒人家庭に生まれ（父は学校の校長、母はピアノ教師）化学を専攻してアトランタ大学を卒業。薬学の学位を取るためにコロムビア大学に進学し、バイトとして音楽出版社で楽譜を書いたりピアノを弾いたりしていたところをエセル・ウォーターズの伴奏ピアニストとしてスカウトされ、そのままレーベル運営のダンス・バンドのリーダーに選ばれ（集められたメンツの中で唯一大学出てるから、という理由だったそうだ）いつの間にかにショウビズの世界に入っちゃった……というキャリアの持ち主である。ストリート叩き上げのミュージシャンが大半だった当時の「ジャズ」界にあって異例の教養の持ち主で、のちに彼のバンドに入るレックス・スチュワートによると、その性格も〈この時代の地球の人間にしては、あまりにも穏やかすぎるのだ。彼はジャズ・エイジのマハトマ・ガンジーだ、とわたしはひそかに思っていた〉——どうやらそもそもリーダーとしての素質には欠けていた模様であって、見事なアレンジで新世代のサウンドを切り開きながらも、しかし、彼はバンドの運営には生涯失敗し続けるのである。

　1920sはまだしも、1930sに入ると良いメンバーを確保出来ずに

バンドは離合集散を繰り返し、ある解散のタイミングで彼のアレンジを買い取ったベニー・グッドマンがそのサウンドで大当たりを出したり……とか、いろいろ話題は尽きませんが、名編曲者ドン・レッドマンとともに彼が作り出した、ブラスとリードのサウンドを対比させながら各人のソロを織り込んでゆく流麗なアレンジは、現在に至るまでビッグバンド・アレンジの基本形として採用され続けている。

　そんな彼のバンドの（ほぼ）最後のピアニスト／アレンジャーであり、スマックの死と時期を合わせるように自身の本当の名前を見つけ出したのが、ハーマン・ブロウント──のちのサン・ラーその人であった。[→P184]

サイドB 1931〜1934年録音

Tidal Wave
フレッチャー・ヘンダーソン

　Decca時代(1931〜1934)の吹込みを集めたアルバム。大不況まっただ中にも関わらず、その演奏のクオリティとアイディアがまったく落ちていないことに驚かされる。特に1934年に入ってからのアレンジは明るく軽くしなやかで、しかし、これは当時はおそらく完全にマイナーな、ダンス・マニア向けのハードコア作品だったんだろうなー……とか、目を瞑って思う午前2時。

Bluebird

The Blanton - Webster Band

デューク・エリントン

20世紀的大衆文化のいったんの完成

　前項のスマックと共に、オーケストラル・ジャズの書法を完成させたエリントンの同じくCD3枚組。とはいえ途切れない長ーいキャリアの持ち主であるデュークにとって3枚は泉に落ちるわずか一滴ほどの甘露にすぎないであろう。1920s〜1970sのあいだのどの時期のアルバムを選ぶのかはこのテの企画の一番の勘所であるが、「どれかひとつ」となったらRCA時代初期のスタジオ録音（1940〜1942年）を集成したこのコンピを選ばざるを得ないですね、やっぱり。

　新鋭ビリー・ストレイホーンが作編曲補佐として入り、テナーにベン・ウェブスター、ベースにジミー・ブラントン、ヴォーカルにアイヴィー・アンダーソン（「Me & You」なんてどうでもいいタイトルの小唄がたまらないほど素晴らしい！）を揃え、ジョニー・ホッジズ、バーニー・ビガード、クーティー・ウィリアムスらの名人芸もたっぷりと聴ける楽曲はまさしく20世紀芸能の至宝である。

　摩天楼のハーレムの「綿花倶楽部（コットン・クラブ）」から届けられる、架空のエキゾチズムを前面に打ち出したエグ味の強い（このあたりがスマックにはないところ）いわゆる「ジャングル」スタイルはすでに手持ちの札のひとつに過ぎず、洗練されたポリリズムを聴かせる「Conga Brava」、フランス現代曲を思わせる「All Too Soon」、最初のコード合奏一発に腰を抜かす「Flamingo」などなどなど……書いていて、聴いていて、やはりその美しさ面白さにはキリがない。

　彼らがロードを続けながらこれらの作品を録音していた1940年

演奏：Duke Ellington & His Orchestra,
Ben Webster(ts), Johnny Hodges(as),
Billy Strayhorn(p), Cootie Williams(tp), etc.

オススメ曲
♪ Conga Brave
♪ All Too Soon
♪ Cotton Tail
♪ Rocks In My Bed

サイドB
♪ Sunset And the Mocking Bird
♪ The Single Petal of a Rose

の6月にナチス・ドイツはパリを無血開城し、9月には欧州大戦のそのあとを決定付けた「バトル・オブ・ブリテン」の決戦がおこなわれている。日本では同年10月に大政翼賛会が成立。月末にはダンスホールが全国一斉に閉鎖され、アメリカではジョン・フォードの『駅馬車』公開が1939年。上映時間2時間半弱の総天然色映画『風と共に去りぬ』が1940年の新春番組。イギリスからハリウッドに移ったヒッチコックは『レベッカ』を撮り……そしてエリントン楽団のこの吹き込みである。おそらく1930sは、20世紀的大衆文化がいったんはその完成を見せた時代であったのだ。統制主義とポピュラー・カルチャーの隆盛は背中合わせの兄弟である。アメリカもこのスウィングにノリながら、大戦に参戦する。

サイドB 1959年 / 1971年 / 1972年録音

The Ellington Suites
デューク・エリントン

　もう一枚となったらコレを。英国女王となったエリザベス二世にイギリス・ツアー中に面会相成ったデュークは、会見とツアーの記憶を自国に戻ってから組曲に仕立てて録音。一枚だけレコードにして（一説には自分用のも含めて2枚）英国宮廷に献上した……ということで「伝説の組曲」といわれていたこの録音が、デュークの死後に公開されたのですね。噂に違わぬ内容で、冒頭の「日没」の景色の移り変わりだけでも感動的である。CDには他に1970sの二つの組曲も収録。

011 | 1940年代録音

V-Disc Juke Box Saturday Night

V.A.

アメリカを象徴する音楽となり、戦地に投下されるジャズ

　第二次大戦に突入したアメリカ政府が、米軍兵士を慰問するために制作したキットのひとつとして「V-Disc」というものがあった。「Victory Disc」の略であり、当時のヒット曲や人気バンド／ミュージシャンが軍と協力して録音した新曲を、落としても割れにくいビニライトという素材のレコードにカットし（片面7分くらい）25枚の詰め合わせカートンで戦地に送って、これも一緒に送った専用プレイヤーで聴く……というものである。戦争後半では大陸の戦線にも届けられ、パラシュートでインスタント・コーヒーなどと一緒に最前線に投下されたコレをドイツ兵も競って拾って聴いた、という一口話もある。アメリカ軍にとって、音楽は食料と同じく補給の対象品なのであった。

　このアルバムは日本独自編集盤（エレック・レコード！）。人気ナンバー・ワンのハリー・ジェイムズ楽団からはじまり、ヴォーカル・ナンバーを中心にシャーリー・テンプルちゃんの挨拶まで入っているという、1940sのスターたちを当時の雰囲気とともに楽しめる一枚である。

　1920sにスタートした、向こう見ずな若者たちのダンス・ミュージックだった「ジャズ」は、ここではすでにエスタブリッシュメントされた「アメリカ文化」を代表する芸能として活き活きと機能している。そのカラフルさはまさしく「民主主義」を活写したものであり、このサウンドが戦争終了後に西側各国のあらたな文化的基盤を整備することになるのであった。V-Discは1948年まで制作され、

演奏：Harry James and His Orchestra, Carmen Cavallaro and His Latin Rhythms, The Pied Pipers with the Axel Stordahl Orchestra, Les Paul and His Trio, Joe Mooney Quartet, The King Sisters, etc.

オススメ曲
♪ Rose Room
♪ Louise
♪ Silent Night

 サイドB
♪ Memphis in June

占領下の日本にも送られ、敗戦直後の我が国のジャズ・ファンたちは競ってそれを手に入れようとしたと伝えられている。

　先日、横浜・野毛の老舗ジャズ喫茶「ちぐさ」のイベントで、そのV-Discの実物を聴かせていただける機会があった。曲はエリントンのバラード。さすがに針音だらけの貴重盤から聴こえてくるサウンドを透かして、もともと闇市だったという野毛の路地を眺めてみるのは貴重な体験だった。民主主義のカタマリがブツとして届けられ、そこに慎重に針を落としてその声に耳を傾けていた時代を想像してみること。

サイドB　1940年代録音

V-Disc on CD 7 Juke Box Saturday Night
V.A.

　V-Discはとにかくいっぱい作られたので（ArmyとNavyシリーズがあり、Armyだけでも900タイトルはあるとのこと）、復刻LPやCDも多数出ている。もちろん全部聴いたわけじゃないけど、シリーズCDの中では（メインのとタイトル同じですが、中身は全然別の）これがぼくは好きですね。戦争中だというのに悲壮感のカケラもないサウンドの連続で、「戦争のための音楽」というのはむしろコッチの方向が正しいのだということが理解出来る（と思う）。このあたり中古で安く売ってると思うので、興味本位でいいからどれか一枚CDを買ってみるのはどうでしょうか？

The Best of Army Air Force Band

グレン・ミラー

戦時下で結成されたオールスター・ジャズ・バンド

1937年に自身のバンドを組んだトロンボニスト、グレン・ミラーはしばらくヒットに恵まれなかったが、1939年あたりから「茶色の小瓶」「イン・ザ・ムード」などでブレイク。そのあとチャートに次々とNO.1ヒットを送り込む人気バンドとなり、しかしミラーは、その絶頂期である1942年の秋にバンドを解散し、軍隊に志願入隊。彼の希望は、軍属しているミュージシャンたちを集めて軍隊内部で楽団を結成し、戦争遂行のためのサウンドを奏でる国家規模のスーパーバンドを作ることであった。マジで？　いやホントの話で、いろんな抵抗もあったけど（このあたり、名匠アンソニー・マンによる映画『グレン・ミラー物語』はなかなか見せる）無事彼は「アーミー・エアフォース・バンド」を結成することに成功し、そのリーダーに就任する。

国にいうことを聞かせた彼の胆力もスゴいが、受け入れたアメリカ軍にも恐れ入る。いまのニッポンだと（K-POPだと想像しやすいかな？）これ誰が出来る役ですかね……YOSHIKIとか？　ミラーは現役バリバリからの入隊だからちょっと違うか……それはともかく、国家予算によって編成された、従来よりも大きめ（約20名）のビッグバンドに、楽曲によっては同じく数十人規模のストリングスも加えた彼の慰問オーケストラは、派手かつ統制が完璧に取れた、具合が悪い時に聴くとウェッとなるほど迫力のある、もはや1920sの地下酒場に出自を持つとはまったく想像出来ないド派手なヤンキー・サウンドを奏でる、1940sアメリカのプライドそのものであった。

演奏：Glenn Miller Army Air Force Band.

オススメ曲
♪ Tuxedo Junction
♪ Song of the Volga Boatman

サイドB
♪ Jingle Bells
♪ Chattanooga Choo Choo

　「兵士たちを鼓舞するのは第一に家からの手紙、第二にグレン・ミラー楽団である」と政府上層部は認めていたとのことで、ミラーはノルマンディー上陸作戦決行中のイギリスに飛び、駐留中（その数約150万！）のアメリカ兵に大歓迎を受ける。その6カ月後の1944年12月15日、解放されたパリに前乗りで飛び立ったミラーの飛行機はドーヴァー海峡で消息を断ち、彼の遺体はいまだ発見されていない。もしかするとまだどこかで、終わらない大戦の時間の中を飛び続けているのかもしれない。このCDはそんなミラーの「戦争」のためのサウンドをまとめた栄光の一枚である。

サイドB 1939～1942年録音

A Legendary Performer
グレン・ミラー

　ミラー自身による「バンド解散＆入隊の挨拶」が収録された、全編これ当時のラジオ・プログラム用の放送（あるいは収録）でまとめられた一枚。1941年12月24日、つまり真珠湾攻撃同月のクリスマス・パーティでの演奏なんてスゴいものもある。曲は「Jingle Bells」。替え歌あり、コーラスあり、途中でラテンのリズムを挟んだりと余裕たっぷり。

Neu

Django Reinhardt
10 CD-BOX

ジャンゴ・ラインハルト

ナチス占領下のフランスで響く「カウンター・カルチャー」

1942年6月15日号の「ダウン・ビート」誌に、「フランスのジャズ・ギタリスト、ジャンゴ・ラインハルト死去」という記事が掲載された。誤報である。

ナチス占領下のフランスにあって、彼はむしろそのキャリアの絶頂にあった。ヴィシー傀儡政権下のパリはドイツ軍にとって「つかの間の休暇を楽しむ場所」という役割を担わされており、「誰もが一度はパリへ」が当時のドイツ兵たちの合言葉だったのである。

スウィング・ミュージックの娯楽としての魅力に敏感だったヨーゼフ・ゲッベルスは「パリは以前のままにすべし」と命令し、この街におけるポップス・ミュージシャンたちの活動をむしろ保護した。ジャンゴ・ラインハルトは、もちろん自民族の弾圧政策に怯えながらも、パリに憧れるドイツ兵士たちを相手に、それまでよりもっと豪奢に毎晩自身のバンドで演奏を続けたのであった。

ドイツのジャズ・マニアだけでなく、政権に対して不満を持つティーン・エイジャーたちもジャンゴの音楽を支持することで「アメリカびいき」である自分たちの立場を明確にしようとギグに通い詰めた。パリのジャズ・ファンは（キャブ・キャロウェイのスキャットから取った）「ザズー」族と名乗り、ジャンゴを真似て口髭を生やし、キツく巻いたままの雨傘を携帯し、ズート・スーツでリンディを踊った。のちのモッズに先駆けるカウンター・カルチャーであり、ボリス・ヴィアンもこの流れから生まれた一人であるが、まっこと占領期はパリのジャズにとって、最悪の時代であると同時に最良の

演奏：Django Reinhardt(g), etc.

オススメ曲
♪ Pennies From Heaven
♪ Minor Swing
♪ Bolero

サイドB
♪ How High the Moon
♪ Brazil
♪ Vaya Con Dios

時代だったのである。

　ギタリストとしてのジャンゴ・ラインハルトの腕前は一聴すれば明らかなのでここでわざわざあらためて語る必要はないと思う。もっとも入手が簡単だと思われるBOXセットを挙げておくが、1937〜1947年までの演奏が聴ける編集盤だったらどれを聴いても間違いない。ザンッと刻まれるコード・カッティングのフィーリングは（ロバート・ジョンソンのそれと全然違うけど、同じように）一度クセになると、まったくまいっちゃうほど快楽的である。

サイドB 1940〜1960年代録音

Their Greatest Hits
レス・ポール＆メリー・フォード

　アメリカ側からも特異なギタリストを一人紹介したい。レス・ポールはジャズ・ギターの名手（V-Diskにもしばしば登場）であると同時に電子工学の技術にも長じており、当時画期的だったソリッドボディのギター、マルチトラックのテープ・レコーダー、回転速度を変えての多重録音システムなどなどを駆使して、1940〜1950年代の未来のサウンドを作り出してヒット・チャートを賑わせた。どれかまず一曲（YouTubeで検索したりして）聴きたい人には、最初期の「Brazil」あたりを、テリー・ギリアム監督の映画『未来世紀ブラジル』とともにススメておく。この感覚をジャズに取り戻したいところですねえ。

Swing Easy ! & Songs for Young Lovers

フランク・シナトラ

ティーン・エイジャーを失神させた「ザ・ヴォイス」

「ザ・ヴォイス」＝シナトラのキャリアにおける最初のピークは第二次大戦中である。当時の「タイム」誌の記事をまとめた『アメリカの世紀6　パールハーバーの衝撃』（西武タイム）から引くと、1944年秋における彼のパラマウント劇場公演では、押しかけたティーン・エイジャーの女の子たちが続々と失神。〈劇場の外のタイムズ・スクウェアでは、騒ぎはさらに大きかった。約1万人の熱狂した十代の少女たちが、なおも切符売り場を取り巻いていた。さらに2万人がこの広場に群がって交通が麻痺し、通行人を押しのけ、商店のウィンドウが破られた〉というのだから凄まじい。

当時の写真を見ると、細身で華奢な色男ということで、コレはおそらく我が国における藤井フミヤ～hyde（ラルク）的系譜の元祖に位置するタレントであろう。ハイファイ時代のマイクの性能をうまく活かし、このアイドルが聴き手一人ひとりの耳元に語りかけるようにして唄うのである。女の子はポーッとなり、しかし大人たちからの評判は（戦時中ということもあり）きわめて悪かったと伝えられている。

取り上げたアルバムはキャピトル・レーベルに移籍してから発表された10インチ・レコードをカップリングしたもの。戦争中の異常なまでの人気が去り、苦闘といってもいいだろう「アイドルから本格派歌手へ」の転身期を乗り越えたシナトラが、ネルソン・リドルという格好の編曲者を得て吹き込むことに成功した絶唱である。コール・ポーターの「Just One of Those Things」（村尾陸男先生の

演奏：Frank Sinatra(vo),
The Nelson Riddle Orchestra.

訳では「よくあることのひとつ」）の歌唱はこれがベストではない
か。売れたり売れなかったり、不運だったりラッキーだったり、
狂ったようにハメを外して遊んだり、そして、あなたと恋に落ちた
りしたことは、それはみんな「よくあることのひとつだったのさ」
と唄うシナトラのペーソスを噛み締めたい。1950sのシナトラは何
を聴いてもいいですよ。

サイドB 1958年録音

Lady in Satin
ビリー・ホリディ

Columbia

　彼女をB面扱いするなんてホントとんでもない話なのだが、気が
付いたらどこにも取り上げる場所がなくなっちゃってたので慌てて
ここで。しかも晩年の、可憐な少女時代からは想像出来ないほどし
わがれたビリーの歌声が、若き日のクラウス・オガーマンの弦をま
とって立ち現れる壮絶なこのアルバムを紹介したい。この時期の彼
女の歌は「良薬口に苦し」どころではない、死に至る病など屁でも
ない、聴いた人間の人生を間違えさせる強烈な毒薬である。マスト。

Capitol

Vocal & Instrumental Classics

ナット・キング・コール

アフリカ系アメリカ人歌手における「洗練」の到達点

　ナット・コールはピアニストとしてキャリアを開始し、自身のトリオ（ピアノ、ベース、ギター編成）によるスウィンギンな演奏と小粋な弾き語りで一枚看板となり、そのあとは（といっても彼の逝去は1965年——わずか45歳でこの世を去ってしまうわけだが）もっぱら歌唱を中心に活躍し、まあ一般的にはポピュラー歌手として扱われることの方が多いのでしょうね。もちろん歌手としての彼は偉大であって、たとえばレイ・チャールズもまずコールの唄い方を真似するところからはじめたというくらいの影響力を当時のシンガーたちに与えている。

　ぼくの世代では、彼が残した娘さんナタリー・コールがナット・コールの映像＆録音と一緒に唄う「Unforgettable」を覚えている人も多いんじゃないかと思う。ゲテモノ企画かと思いきや全然そんなことはなく、まず最初に出てくるナットの一節で「！」である。この人こんなに歌がうまかったのか〜と認識をあらたにしまして、そのあと中古盤屋などで意識的にアルバムを探してみるも、1990s後半はこうした音楽（1940〜1950sのメジャー・アルバム）が市場にまったく出回っていない時期だったのでしょうか、どこにいっても全然手に入らなかった、ということを覚えています。

　それに比べるといまはいい時代になりました。取り上げたアルバムはトリオ時代の名作で、サウンドとして一枚通してまとまっているので、そしてこんなトリオは（モダン・ジャズの時代も含めて）世界のどこにもないので、とりあえずコレから聴くのがいいのでは

演奏：Nat King Cole(vo,p),
Oscar Moore(b), Johnny Miller(g), etc.

オススメ曲
♪ Sweet Lorraine
♪ Embraceable You
♪ It's Only a Paper Moon

サイドB
♪ September Song
♪ Azure-Té

と思います。彼は英語の他に、スペイン語、ドイツ語、ニホン語、そしてなんとヘブライ語でも歌を唄った。これもまた民族的「混淆」および「擬態」の文化のあらわれのひとつであろうか。アフリカ系アメリカ人歌手の、洗練の方向のひとつの極点のひとつがナット・キング・コールである。

サイドB 1961年録音

Nat King Cole Sings / George Shearing Plays
ナット・キング・コール＆ジョージ・シアリング

　もう一人のスタイリスト、イギリス出身のジョージ・シアリングと組んで作られた、まさしくCapitolのサウンドを代表する極上のヴォーカル・アルバムである。Capitolはザ・ビートルズのアメリカ・デビューを遅らせたレーベルとしても有名だが（まあ結局は契約するのですが）そしてその理由は「ジョン・レノンのハーモニカの音が汚い」ということだったらしいが、ここに収められている音を基準に考えるならばさもありなんという感じではある。このアルバムのリリースが1962年。翌年にはケネディが暗殺され、風雲急を告げる1960sが本格的に開始されることになる。ジャケットも最高なので出来ればアナログで手に入れたいところ。

ポップスの古層としてのジャズ

Fats Waller
Golden Greats

ファッツ・ウォーラー

サッチモと肩をならべるほどのタレント

　スマックの項でも取り上げた、レックス・スチュワートによる回想録『ジャズ1930年代』（草思社）[→P34]は当時のジャズ界のあれこれをインサイダーが語った貴重な記録だが、そこにデュークとスマックの師匠としてのファッツ・ウォーラーの姿が書き留められている。

　曰く、〈パーティや社交的な集まりでは、ラグやストンプやブルースを他人と変わりなく弾いたが、それは彼の一面にすぎなかった。しばしばカフェのピアノで、考え考え和声を叩き、「いまのがサックス・セクション……そこへ今度はブラスが入ってくる」などと、聴き惚れている仲間たちに説明したものだった。ウォーラーはいつでも曲の中に色彩豊かなサウンドを織り込もうと苦心していた〉……ということで、編曲者、作曲家、ピアニスト、そしてヴォーカル・エンターテインナーとしてもファッツは第一級のタレントであって、その姿は、たとえば「Stormy Weather fats」などと検索すればYouTube上などで確認出来るのでぜひとも視聴してみて欲しい。

　彼の芸を（大戦中から、少年の頃から！）愛した色川武大は、『唄えば天国ジャズソング』（筑摩書房）の中で、戦後ファッツの〈ピアノ・ソロのレコードを聴いて、ガクンとまいった。これも悪達者で、アクを含んでいるが、どれもこれも圧倒される。それから、オドけて崩し唄いをしているのでない方の曲、たとえば「ひとり者のラヴ・レター」とか、「眠そうな2人」とかを聴いて、ガクン、ガクン、とまいった。オドケているときにも底を流れていたペーソスが、ぐうんと前面に出てきて、まことに快い。第一、これ以上の名

演奏：Fats Waller(vo,p), etc.

オススメ曲
♪ Two Sleepy People
♪ Ain't Misbehavin'

サイドB
♪ Star Dust
♪ Hong Kong Blues

唱はなかろうと思うくらいに、唄がうまい〉と書いている。まこと
にそのとおりであり、おそらく彼はサッチモと肩を並べるほどの芸
能者である。この3枚組はピアニスト＆ヴォーカリストとしての彼
【→P28】
の作品をほぼおさえたコンピレーション。ファッツは1943年に39
歳で死去。ステージ上でピアノを弾き、唄う彼の姿をもっとたくさ
ん見たかったですね。

サイドB 1920〜1940年代録音

The First of the Singer Song Writers
ホーギー・カーマイケル

　そんなファッツの名唱「眠そうな二人」を書いたのはホーギー・
カーマイケル。このコンピは、ホーギー自身の弾き語りも含め、
ポール・ホワイトマン楽団からレッド・ニコルズ＆ファイヴ・ペニー
ズまで、さまざまなスタイルで演奏された数多あるカーマイケルの
名曲群をごっそり集めたお得盤。ホーギー自身のピアノ弾き語りの
姿はハワード・ホークス監督の『脱出』でボギー、バコール、ウォ
ルター・ブレナンと共に（ラスト・シーン最高！）見ることが出来
ます。

Piano Grand Master

アート・テイタム

「世界7不思議の8番目」と謳われたピアニスト

その超絶テクニックで「神の仕業」「トリドの奇跡」（←出身地）「世界7不思議の8番目」（by カウント・ベイシー）などなどと評されているアート・テイタム。その実力を遺憾無く体験できる4枚組である。2000年代以降はこういった編集盤が続々と出てきてホント音楽史の見通しが良くなりました。20世紀中はこのあたりの、モダン以前とされるミュージシャンたちの音源は、オリジナルがSP盤のものも多かったということもあって、中古盤屋で探すのもなかなか手間だったのである。

とはいえこの人はやはり別枠で、それ以前・以後ともに比較出来るような対象がないピアニストであることがこれらの録音を聴くと分かる。特にDecca時代の、スタンダード／ポピュラー楽曲を自分なりのコード進行に変換しながら弾き切るスタイルは、左手のストライド・スタイルの強力さと、嵐に舞う蝶のような右手の高速フレーズに圧倒されて、これは半口開けたまま笑うしかないものすごさである。ドヴォルザークの「Humoresque」なんかもテイタム・スタイルで即興を交えながら取り上げており、彼が弾くラグをクラブで聴いたホロヴィッツとトスカニーニがどっちも圧倒されてファンになっちゃった、という逸話も残されているそうなのだが、まあ、多分本当なんでしょうね。

スラム・スチュワート(b)とタイニー・グライムス(g)とのナイス・コンビネーションのトリオでの録音や、エスクワイア選出のオール・スター・ジャム・セッションにおけるサッチモとの共演なども 【➡P28】

演奏：Art Tatum(p), Coleman Hawkins(ts),
Jack Teagarden(tb), Joe Thomas(tp),
Billy Taylor Sr(b), Everett Barksdale(g),
Eddie Dougherty(ds), Joe Turner(vo), etc.

オススメ曲
♪ All God's Chillun Got Rhythm
♪ Humoresque

サイドB
♪ Carolina Shout
♪ Keep Off the Grass

収録。しかしこのテイタムのスタイルはこれで完全に完成されてお
り、あとに続くものが生まれずに、影響としてはここで途絶してし
まう。後続世代に大影響を与えたのは、左手は時々コードを軽く叩
くだけの、右手のシングル・ラインにもっぱらその力を傾けたバ
ド・パウエルらの奏法であった。

サイドB 1930〜1940年代録音

Snowy Morning Blues
ジェイムズ・P・ジョンソン

　テイタムのスタイルの元となったいわゆる「ストライド・ピアノ」
の創始者であり、彼が演奏する自作「Carolina Shout」のピアノ・
ロールの回転を遅くして繰り返し鳴らして、その鍵盤を見ることで
「ジャズ」の弾き方を覚えたのがデューク・エリントン……という
ことで、この当時の都会派ピアニストの代表がジェイムズ・P・ジョ
ンソンである。都会派があるということは田舎派もあるということ
で、シカゴのレント・パーティにおけるブルース→ブギウギという
ピアノ・スタイルも同時代には存在しており、そしてこれはジャズ
よりもむしろ戦後のR&Bへとつながってゆくことになる。この二つ
を峻別しながら混ぜ合わせて聴いてみましょう。

MCA

The Original Mills Brothers 1931 - 1935

ミルス・ブラザーズ

「バーバー・ショップ」スタイルのジャズ・コーラスグループ

　ソウル歌手ビッグ・スリーの一角を占めるジャッキー・ウィルスンは子供の頃に愛聴していたシンガーとして、アル・ジョルスン、ルイ・ジョーダン、インク・スポッツ、そしてミルズ・ブラザーズを挙げているそうだ。鈴木啓志氏の『新版R&B・ソウルの世界』（ミュージックマガジン）に載っていた情報で、ちなみにビッグ・スリー残りの2人はジェイムズ・ブラウンとサム・クック。いわれてみればうーん、なるほど……という感じのチョイスで、ウィルスンのスタイルはジョルスン（白人エンターテインナー）の大仰な感じと、ジョーダン(HOT)／インク・スポッツ(COOL)のジャイヴ感覚、それにミルズ・ブラザーズの洗練を絶妙に配分することによって作られているのであった。

　とはいえ、バーバー・ショップ・スタイルの「ジャズ・コーラス」グループという、ありそうで実は全然見当たらないミルズ・ブラザーズの個性は飛び抜けており、ギターの伴奏も小粋に、楽器のモノマネをしながらするスキャットも素晴らしく（特にベース・ライン！）、戦後は黒人共同体よりもむしろ白人観客向けのショウが仕事のメインになったので、ブルース→R&B→ソウルというラインを本道とする「黒人ヴォーカル」の正史においてはなかなか取り上げられないグループではある。

　しかし、まあ、そんなことはどうでもよろしい（2回目？）。長いキャリアを誇る彼らの、その最初期のレコーディングをまとめたこの盤に溢れるリズムとハーモニー、そして1曲に詰め込まれた編曲

演奏：The Mills Brothers.

オススメ曲
♪ Tiger Rag
♪ Lazy Bones
♪ What's the Reason

サイドB
♪ I'm Following You
♪ The St.Louis Blues
♪ Mood Indigo

のアイディアは、まったくもって現在でも刺激的なものである。まずは1曲、となれば、スキャットがすごい「Tiger Rag」からとりあえず。動画も含めてYouTubeにもいっぱいありますねぇ。

　戦後「ジャズ」はこのような芸能を自身の埒外に追いやって、先鋭的なアートを実現させる道すじに入ってゆくことになる。それはそれで最高のムーヴメントである。そして、その動きを約百年後の未来から眺めているぼくたちの選択の幅は広い。もしくは、そこにはもはや個人的な嗜好／志向しか根拠がないとするならば、きわめて狭い——このようなリストを成立させるためには、この狭さへの意識が不可欠であるだろう。なんちて。

サイドB 1910〜1940年代録音

Audio Park

History of Singing Sisters 1918 - 1947
V.A.

　戦前期の音源を中心に集めた一枚。「女性ジャズ・コーラス・グループの創世記」ということで、冒頭のファーバー・シスターズはなんと1918年の録音。ブロードウェイ勃興期の、たとえばジョージ・M・コーハン一代記のミュージカル映画『ヤンキー・ドゥードゥル・ダンディー』の音楽世界がここにはある。もちろんボズウェル・シスターズ、アンドリュー・シスターズも収録。ヒット曲をコーラス・アレンジでカヴァー（この言葉は後世のものですが）するという、いまでもコレ十分に面白いと思うんだけど、こういった音楽もヒット・チャートにとんと見かけなくなりましたね……。

Saturday Night Fish Fry

ルイ・ジョーダン&ヒズ・ティンパニー・ファイヴ

「スウィング」からR&B、ロックンロール・ソウルが分岐

カウント・ベイシー楽団、ライオネル・ハンプトン楽団、ジェイ・マクシャン楽団など、南部の音楽的靭帯であるブルースとブギーの伝統を色濃く引き継いだ、リズム&ダンスを得意とするスウィング・バンド集団の中から、1944年、「G.I.Jive」の大ヒット（黒人音楽チャートおよびポピュラー・チャートの両方でトップとなった、「クロスオーヴァー」の元祖である）によって一躍全国区の人気者になったのがルイ・ジョーダンである。

1946年にはイントロと間奏にエレキギターを配した、もうほぼロックンロール曲といっていい「Ain't That Just Like Woman」や、数多くのミュージシャンによってのちのち取り上げられることになる「Let the Good Times Roll」を発表。コレはもう完全にそのまま、たとえばレイ・チャールズはこの曲を後年見事に「ソウル」として歌うことになる。このアルバムにも収録されているので聴き比べてみてください。

レイは同時にホーギー・カーマイケルのバラード「Georgia on My Mind」も取り上げてもいるわけだが、「Jack,You're Dead」といったノヴェルティ系ソングもレパートリーとして持つジョーダンのこの楽団は、「全米音楽」である「スウィング」からR&Bとロックンロールとソウルが分岐し、のちに「ブラック・ミュージック」としてまとめられる巨大なジャンルのそのコアが固く踏みしめられてゆく過程において出現した大人気バンドなのであった。

ここまでのリストの流れに沿っていうならば、スウィングは第二

演奏：Louis Jordan & His Tympany Five.

次世界大戦期にグレン・ミラー的「軍楽隊」と「ブギ／ブルース」の白黒両極に引き裂かれ、前者はそのまま1950sアメリカ中産階級をことほぐBGMとして、そして後者はバンド・アンサンブルよりもむしろ「歌手」を中心にした表現の広がりを一手に担うようになってゆく――そして、この二つが乖離してゆくその隙間に生まれ落ちたのが、ビバップ＝「モダン・ジャズ」なのであった。

（サイドB） 1958〜1960年録音

Swingin' Golden Classics
ビッグ・ジェイ・マックニーリィ・アンド・ヒズ・バンド

テナー・サックスによるブルース表現は（Eストリート・バンドのクラレンス・クレモンズ然り）ポップスにおける一大ジャンルである。マックニーリィはイリノイ・ジャケーと並ぶそのオリジネイターの一人。オーネット・コールマンは（ジョン・ゾーンとの対談の中で）「テナー・サックスで本物の音を響かせることが出来るのは、あいつとキング・カーティスくらいのものだろうな。オレがテナーを吹きたくないのは、彼らがいるからさ」と述べている。要チェック。

Artistry in Rhythm

スタン・ケントン

ウェスト・コーストで独自進化した、「音による風景画」

　自作のタイトルに「Artistry in Rhythm」とか「Artistry in Bolero」とか付けちゃうスタン・ケントンの作品は、「あら、お洒落でちょっと素敵じゃない？」という反応から、「ケッ、スカしやがって気に入らねぇ」と一顧だにしない人まで、発表のその当時から毀誉褒貶カマビスしいモノであった。

　ジャズが完全に「モダン」の時代になってからは、ケントンの「編成は大きい方がいい」というポリシーが逆に働いて、彼のサウンドはもはや「ジャズ」枠では語られない存在となってしまったけど、とはいえ、やはりスタン・ケントンは不屈の個性派である。

　出世作をメインにして2CDにまとめられたこのパックでは、ブギーを母体にしたダンス・ミュージックとは似て非なるサウンドが十分な確信をもって鳴らされている。ハリウッド周辺の譜面に強いスタジオ・ミュージシャンからジャズのセンスがある人間を揃えて鳴らした彼のサウンド・テクスチャーは、アクリルとパステルと水彩のタッチが混じったような独特なテイストで、「音による風景画」みたいなものが好きなリスナーにはうってつけである。だから逆に「アレはBGM」みたいな風にいわれることにもなるのだが、まあそれはそのとおりで、ビッグバンドの音でもって何かを「描写」するためのお手本として、たとえば後にクリント・イーストウッドの映画音楽などで有名になるレニー・ニーハウスはこの楽団に長く在籍して勉強してたりして、ケントンのサウンドは以後の劇伴音楽に大きな影響を与えることになるのである。

演奏：Stan Kenton(p,cond,arr),
John Anderson(tp), Miff Sines(tb),
Al Anthony(as), Bob Ahern(g),
Eddie Safranski(b), Shelly Manne(ds),
June Christy(vo), etc.

オススメ曲
♪ Artistry in Rhythm
♪ Opus in Pastels

サイドB
♪ Snowfall
♪ Donna Lee

取り上げたアルバムとは別だが、現代音楽の作曲家ボブ・グレッティンガーの作品を取り上げた「City of Glass」なんて、ここまでやってくれたら文句ないくらいの大珍品で（特に無調的アレンジの中でジューン・クリスティが唄う「Everything Happens to Me」とかスサマジイ）、一聴の価値ありである。

彼が拠点としたウェスト・コーストはアメリカの中でも独自の文化を発展させた地域である。ハリウッド、ロス、サンフランシスコなどで育まれた、広い意味での「西海岸音楽」のひとつと捉えて再評価したい楽団である。

サイドB 1947年録音

Claude Thornhill & His Orchestra 1947
クロード・ソーンヒル楽団

Hindsight

個性派のビッグバンドをもうひとつ。クロード・ソーンヒル楽団はフレンチ・ホルンやチューバ、ピッコロなども加えた響きで、色彩豊かで実にモダンなサウンドを生み出した。テーマ曲「Snowfall」は、個人的には20世紀を代表する1曲にランクインさせたいほど魅力的である。ビバップにもいち早く取り組み、パーカー・コンボが吹き込んだ「Donna Lee」をきっかけに当時のソーンヒル楽団の編曲者ギル・エヴァンスとマイルス・デイビスとの交流がはじまったことはあまりにも有名。

021 | 1948～1954年録音

Original Mambo Kings
an Introduction to Afro Cubop

V.A.

忘れちゃならない、ラテン・アメリカの系譜

　ジャズを語る際、これまでの多くの言説は「白」と「黒」との対立とその止揚という弁証法をメインに据えてきたと思う。この見取り図によって埒外に置かれることになったのが、「白」＝欧州系の移民の子孫にもそれぞれ異なった履歴と階層と文化がある、という事実であり、また、「黒」＝アフリカ系アメリカ人が北米に上陸させられる以前に、つまり、南米において彼らが発展させた「褐色」文化の豊かさである。

　そもそもニューオリンズがラテン文化圏であったことが「ジャズ」の歴史を決定付けていたはずであるのに、時代が下るに従ってその話はどーでもいいものとして脇に置かれ、この街に響いていた、「白」と「黒」にまとめることの出来ない「褐色」のサウンドは、ジャズの伝統からは、ということはつまりアメリカン・ポップスの基盤からは、その「外部」にあるものとして抑圧されるポジションに入ってしまったのであった。

　そのような「外」を具体的に示すのが、コンガやボンゴやティンバレスといったパーカッションによるアンサンブルであり、16分音符グリッドで刻まれるリズム・パターンである。ディジー・ガレスピー楽団に所属していた名コンガ奏者チャノ・ポゾは、バンドのミュージシャンたちがまったくクラーヴェを打てないことに驚いたという。プランテーション時代の北米では打楽器による音楽の演奏が禁じられ、マンボやルンバ、そしてそのあとにサルサにつながってくるようなリズムは彼らにとってまったく縁遠いものとなってし

演奏：Machito and His Orchestra,
Howard McGhee and His Afro-Cuboppers,
Andre's All Stars, Dizzy Gillespie and His
Orchestra.

オススメ曲
♪ Gone City
♪ Okiedoke
♪ The Manteca Suite

♪ Voodoo Suite
♪ Stomping at the Savoy

まっていたのであった。

　とはいえ、ラテン音楽の波はジャズ時代以降、何度も南米から押し寄せてその浜辺を洗い、繰り返しその「リズム」に活を入れている。紹介したアルバムは、1990s初頭にヒットした（アントニオ・バンデラスのハリウッド進出作）『マンボ・キングス』という映画に乗っかった企画盤で、マチート楽団＋ビバッパーたちの演奏を中心に、1950sアメリカを「マンボ」がどのように席巻したのかを伝えてくれる作品が揃っている。映画と比較しながらお聴きいただければと。

サイドB 1954〜1955年録音

Voodoo Suite Plus Six All Time Greats
ペレス・プラード／ショーティー・ロジャース

　キューバからメキシコ、北米、そして世界を股にかけてさまざまなポップス曲を「マンボ」化し続けたペレス・プラード楽団は、実はいろいろと実験的な作品も作っており、その代表が『Havana,3a.m.』とこちら。そもそも「マンボNo.5」というネーミング・センスが（シャネルの五番？）独特のプラード諸作品をここに置いて、以後の研究へのきっかけを作れれば。

Xavier Cugat
with Dinah Shore

ザビア・クガート・ウィズ・ダイナ・ショア

日本における「リズム歌謡」の元ネタはこれ

マンボより先にアメリカに上陸した南米の音楽はタンゴであり、ルンバである。クガートはスペインに生まれ、そのあとキューバに移り、さらに1915年にニューヨークに移住する。幅広い音楽的教養を身に付けていた彼は高級ホテル「ウォルドーフ・アストリア・ホテル」の楽団長として手腕を奮い、ラテン・フレイヴァーに溢れた演奏とファッション（クガート曰く、アメリカ人は本当のラテン音楽には別に興味がないし、レストランだからね。80パーセントは見た目でOK、とのこと）で人気を得た。

このアルバムは、まさしくそのようなソフトなダンス・チューンとしての「ルンバ」を、ポピュラー・トーチ・シンガー・ダイナ・ショア（日本では「青いカナリア」「ボタンとリボン」で有名）と組んで量産した時代の楽曲を集めたものである。

このあたりのサウンドが戦前の、上流階級に属するアメリカ人たちにウケたものとして確認しておくことは必要だろう。日本における「リズム歌謡」の元ネタのほとんどはクガート楽団が演奏しており、そしてそれは1935〜1965年までのニッポンの歌謡曲の主要なリズムのモードであったわけであり、ザビア・クガートによるポップ化されたラテン音楽（によるショウとダンスとそのエキゾチズム）を愛好した点において、アメリカとニッポンはそれほど差異はないのである。ここからのちに取り上げるキップ・ハンラハンによる「Deep Rumba」シリーズとの距離はどれほどあるのか。それは遠いのか近いのか。［↪P207］

演奏：Xavier Cugat with Dinah Shore.

オススメ曲
♪ Walter Winchell Rhumba
♪ Misirlou

サイドB
♪ Trouble of The World
♪ Walk in Jerusalem

　上陸した当初からそこが「インド」ではないと分かっていたにも関わらず、長きにわたって先住民族を「インディアン」と呼び続けたアメリカ植民者たちの文化的遠近感の在り方は、いまだに大いなるミステリーというか、このゆがみを捉えるためのレンズの調整が、20世紀の歴史を考えるためには必須になるのではないかと、いまでもぼくは思っている。

サイドB　1950〜1960年代録音

The Essential Mahalia Jackson
マヘリア・ジャクソン

Columbia

　アメリカ黒人音楽の奥の院は教会音楽である。簡単に踏み込むことを拒む（なにせ信仰に関わる）この音楽との距離感を測っておくことは、大衆娯楽であるポップスを考えるにあたって必須なファクターであろう。残念ながら日本には欧州文化圏における「教会」にあたるものも「キリスト教」にあたるものも存在しないので、各人それぞれがそれぞれに想像するしかないのが実情であるが、映画『真夏の夜のジャズ』と『サマー・オブ・ソウル』のどちらにも出ているのがこのマヘリア・ジャクソン……ということからもいろんなことが伝わってくる（と思う！）。

サロン・ミュージック集
杉井幸一

おどろくほど豊かだった日本の戦前のジャズ

　さて、ここで視線を我が国に転じてみよう。ここ十年ほどにおけるニッポンのポップス史研究は素晴らしい発展を見せており、もうその成果を楽しんで受容するばかりなのですが、だいたい2000sの半ばくらいまでは戦前／戦後のこの「／」に断絶しか認めない言説も多く、このあたりを積極的に再構成しようと試みていたのは、たとえば細川周平氏、相倉久人氏、中村とうよう氏、それに大瀧詠一氏くらいではなかっただろうか。不肖ワタクシも不明な部分を直接、そのあたりの権威である瀬川昌久さんに尋ねにいったりしていたのがその時期で、しかしそのあと、偉大なる「ぐらもくらぶ」諸氏によるSP盤ポップスのCD再発企画などがグングンと進み、ひえ～こんなのあったのか～みたいな音群がぼくたちの傷だらけの音楽史をカラフルに彩ってくれることになる。

　このアルバムはそんな時期に先駆けてキング／ブリッジからリリースされた、1942年に36歳で夭折した名匠・杉井幸一による、まさしく「軽音楽」という名に相応しい洒落たインスト音楽集である。杉井はタンゴからスタートし、当時のアメリカ音楽に溢れていた（まさしくクガートが演奏していたような）エキゾなリズムを十分に咀嚼して、「木曽節」や「故郷の廃家」や「荒城の月」をスウィングさせることに成功している。ここにあるメロディが1930～1940sの日本のメジャー・リーグであり、そしてそれを最新のリズムで仕立て直して提供することは、都市の享楽の中でももっともモダンな試みとして大歓迎されたのであった。1930s音楽は、日本に

演奏：キング・ノベルティ・オーケストラ, etc.

おいても（他の西側資本主義国家と同じように）世界標準のサウンドへと向けて刻々とチューンナップされていたのである。ここで聴くことの出来るリズムとメロディの配分は、太平洋戦争による（わずか）4年ほどのサスペンドを挟んで、戦後のポップスのメイン・ストリームである「リズム歌謡」へとなだれ込んでいくことになる。

サイドB　1934〜1944年録音

The Lost World of Jazz 1934 - 1944
戦前ジャズ・コレクション・テイチク・インスト篇
V.A.

2012年に初CDをリリースした（アイテムは二村定一「街のSOS!」）「ぐらもくらぶ」が同年、戦前におけるジャズ・インスト作品の宝庫であるテイチク・レーベルの名録音の数々を復刻させた一枚。「いま甦る！戦前ジャズの真髄」の惹句に偽りなし。嘘だと思うなら買って聴け！　ディック・ミネの仕切りによる「ハレムから来た男」（キャブ・キャロウェイ）から四ホール連盟ダンス・オーケストラの「ダンス祭」（これは歌入り）まで、内容も企画も充実の、実に志の高い2枚組である。

ニッポンジャズ水滸伝
天の巻／地の巻／人の巻

V.A.

戦前のインディーズ・ミュージック？

　というわけで、20世紀の（いや、それ以前からの）日本のポップスを、邦楽・洋楽のその両面から、単純に「民衆が好んだ音楽」という一点をきっちり押さえながら統一的に捉え直そうという試みは現在形で進行中のものである。まだアレン・ロウが「From Mistrel to Mojo」で示したようなマップを描くことに成功している批評はないようだけど、そんな仕事のおそらくこれからの最大の基盤になるだろう大変な労作が、2010sにリリースされている。

　その名も『ニッポンジャズ水滸伝』。約4年間の歳月をかけて集成された、1920〜1940sの、いまでいうインディーズ・レーベルにおける「ジャズ」的な吹込み作品、その数、「天・地・人」三部作それぞれCD4枚組＝302トラック！　収録の指針は、まず「ジャズ・ソング」と「ジャズ・インスト」のはじまりにおける代表曲、「Dinah」各種、および邦楽楽器における洋楽と邦楽の接触面に生まれた音感を並べた「天」。関西から名古屋を経由して東京へと流れ下るダンスホール・ジャズ文化を辿る「地」。このようなムーヴメントの中で活躍し、おそらく右往左往もしたであろう有名無名のミュージシャン／歌手にスポットを当てた「人」……ということになるだろうか。

　どの曲が面白いとか、この演奏の出来がよいとかいう前に、まずはここに広がっている風景の中に入り込んで、楽器を取って演奏し歌を唄い踊っている人たちのその表情が見えるところまで接近してみることが大切だと思う。そんな作業の中で分かったことのひとつ

演奏：長谷川顕, スリーシスターズ,
ブルーボーイズコーラス, 河合ダンス団,
松竹楽劇部女生, 笹本幸夫, シキ皓一,
内海一郎, 榎本健一, etc.

オススメ曲
♪凸凹人生
♪毎朝コーヒーを
♪グディ・グディ

♪もしもし亀よ
♪熱風

は、特に「地」の巻で明らかなのだが、この時期の民衆は思っている
るより全然「ダンス」が見るのも踊るのも好きなのだ、ということ
である。1930sは「東京音頭」大流行からはじまる空前のダンス時
代であったわけだが、櫓を中心としたものとはまた違うカタチでの
ダンス・フロアがモダン昭和にははっきりと存在しており、またお
座敷でも人々はヨイヨイと踊っていたのである。戦争がはじまる時
代は、日本でもやはり、ダンスとともに進んでいったのであった。

サイドB 1920〜1940年代録音

日本のジャズ・ソング 戦前篇・服部良一和製ジャズ・
コーラス傑作集／戦時下の和製ポピュラー南海音楽
V.A.

　「ジャズ水滸伝・地」には、ジャズ・ポップスの大家・服部良一
が修行時代に属していた「イヅモヤ音楽隊」の録音が収められてい
る。イヅモヤ音楽隊でのBGM演奏→関西ダンスホールでのサックス
奏者→洋楽的ポップスの作編曲者→上京してメジャー会社に入社
……という彼のキャリアにおける、そのもっとも独自のサウンド
「ジャズ・コーラス」を集めたものがこのCD。そしてここには「南
海音楽」という名目で録音を許されていたハワイアン楽曲の、その
トビキリの作品である「熱風」（カルア・カマアイナス）も入って
いる。戦時下に録音されたほぼチャーリー・クリスチャンなス
ティール・ギターという奇跡を聴こう。

ぼういず伝説

あきれたぼういず

かつて芸人はジャズメンだった

　「あきれたぼういず」は川田義雄（晴久）、坊屋三郎、益田喜頓、芝利英によるヴォードビリアン・グループである。ん？なんでそんな人たちが「ジャズ」名盤リストに入るの？と思われるのはごもっともですが、昭和10年代における「ジャズ」の感覚をもっとも色濃く湛えている録音のひとつが、彼らの残した「4人の突撃兵」「スクラム組んで」……などの、ステージ上での彼らのプレイを録音用にまとめた音源だと思うのだ。

　「四人の突撃兵」の冒頭、ギターのイントロから「ヘチョイと出ましたあきれたぼういず、暑さ寒さもチョイと吹き飛ばし　春夏秋冬　あけても暮れても　歌いまくるがあきれたぼういず～」と出てくる4人のコーラスは、驚くことにミルズ・ブラザーズそのままである。しかし歌はそこから「旅愁」＋「皇軍大捷の歌」のマッシュアップに進み、「静かだなあ」「これがホントのセンチ（戦地）だよ」などといって秋の虫の声帯模写をして、そのままポパイ（当時の流行）のモノマネに入る……と、洋邦ゴッチャなネタが速射砲のように連発されてゆく。いきなりマラカス振りながら「津軽よされ節」を唄い出すとか、まさにアキレルほどの軽さとスピード感であって、このドタバタは異質なものを異質なままステージ上でブツけながら、不敬な表現を見つけて取り締まろうとする側が気が付く前にサッと切り上げる、という実地の知恵から加速されたものであろう。

　ザ・ビートルズの音楽的凄さのひとつに、普通はハモることのな

演奏：あきれたぼういず.

いブルース的メロディ上で平気でコーラス出来た、というところがある（と思う）。浪曲という個人の芸の後ろにミルズ・ブラザーズを配置することが出来たあきれたぼういずの芸はそれに匹敵するものだろう。戦後、闇市という混淆状態が日常となったニッポンにおいて、このような芸を基盤にして、戦前の「ジャズ」の可能性を最大限に展開させた歌手が登場する。美空ひばりである。

サイドB 2020年録音

大土蔵録音2020
山田参助とG.C.R管弦楽団

　世界的な疫病流行下にあった2020年、千葉は佐原の土蔵において、マツダA型ベロシティマイク一本によるワンポイント録音（もちろんNO EDIT）による、1928〜1940年に吹き込まれた名曲・名唱（マイナーなもの中心ですが）の再現企画盤の制作がおこなわれた。こんな風流かつ考古学的にも貴重（？）な試みはもちろん「ぐらもくらぶ」の仕業である。マンガ家でもある山田参助による歌唱は、ロスト・テクノロジーを仮想して成される作業という意味でまさしく「テクノ歌謡」だ。全11曲。2枚目には原曲をSPから復刻して収録。

モダニズム芸術
として結晶化したジャズ

　21世紀の現在、ジャズ史の言説において、1940sにチャーリー・パーカー (as) およびディジー・ガレスピー (tp) を中心にして進められた「ビバップ」というスタイルが「革命的な変化」をこの音楽にもたらしたと位置付ける立場はすでに一般的なものである。

　まあ、この認識が定着するまでには実はいろんなアヤがあったわけですがそれはさておき、のちに「モダン・ジャズ」と言われる超絶に特殊なポピュラー音楽の成立過程において、ひとつチェックしておきたいのは、その母体となった（バードもディズもそこからスタートした）「スウィング・ミュージック」は、「ビバップ」が登場するWWⅡ＆その直後の段階ではまったく衰えを見せていなかった……どころか、世論と業界と政府をバックにして音楽的にも人気的にもほぼ最強の状態にあった、という事実である。

　よーするに「なんかのピーク→停滞と頽廃→革命による更新」みたいな話じゃないんだよビバップにおける変革は！ってことなんですが、正面切ってこの話を最初に取り上げたのはおそらく、『チャーリー・パーカーの芸術』（毎日新聞社）における平岡正明氏である。彼は『ミントン・ハウスのチャーリー・クリスチャン』（詳細は本章で）を聴き込みながら、「ビバップは戦時体制をシカトしたミュージシャンたちによって開始された」と結論する。曰く、〈軍隊に行かない紐育ハーレムの黒人楽士の一部が、1941年時点の忠誠、規律、命令といったアメリカ社会の軍隊的な統合軸のすべての逆をやって、あたかも、第二次大戦開始時点で内乱をやったような突出を見せた。ス

イングジャズは行きづまっていなかった。スイングの名手たちが軍隊から帰ってみると、ジャズが勝手に変わっていた〉（前掲書、p.70）——。

　どういうことか。つまり、アメリカは二次大戦の時点で、自分たちを自分たちとして統合する表象としての強力な「ポップス」を（第1章分の試行錯誤を経て！）手に入れており、そしてこのスウィングこそが総力戦を戦うためのイメージ＆イデオロギー装置として最大限プラスに機能することになったわけだが、バードたちビバッパーはこの音楽を徹底的に個人の方向に引き付けるようにして喰い破り、具体的に言えばスタンダードから歌詞とアレンジを取り外し、それを使って即興をくり広がるために必要な和声進行と主旋律だけに抽象化して、演奏の現場をもっぱら互いの技量を競い合う、「オレの腕前を聴け！」的なバトルフィールドに還元して演奏をおこなったのであった。およそ30年かけて蓄積され、ビックバンドによって統合された「アメリカの歌」を、バードたちは自身の演奏能力によって強引に、もっぱら自身の創造性を発揮するためだけに使われる素材へと変換したのである。

　共同体の歌をバラバラにし、自分以外に出来ないやり方で再構成すること。自分を形作っている過去を吟味し、それを現在へと向けて、いま目の前にいる人々と共同で再活性化させてゆくこと——この変換がビバップである。

　この章ではオリジナル・ビバッパーたちの音源から、「スタンダード」および「ブルース」という（両極的な）共同体の歌がどのように抽象化され、近代的個人の表現＝モダン化されていったかについてを確認したいと思う。

　モダン・ジャズは近代芸術における「モダニズム」運動のラスト・ランナーである。この運動があってこそジャズは「歴史化」して語られる状況へと入り込むことになったわけだが、モダンには自己批判を繰り返しながら作品をひたすら本質へ還元してゆこうとする傾向が備わっており、そして境界線があるからこそその内側で「このシンバルの音がいい」とか「ロリンズとトレーンのアドリブの違いは」とかチマチマ楽しんでいられるわけで、LPレコードとともにここではじめて「ジャズ」は「鑑賞」の対象となり、独自の「ジャンル」を形成する時期へと突入したのであった。

　現場のバトルの記録からはじまり、個人によるソングの圧縮・再構成の試を経て、一枚の絵画のようにきわめて良く仕上げられたアルバム作品へと結晶化してゆく1940～1950sのジャズ。深く、そして狭い方向に磨かれていった「モダン」の魅力をぜひ体験していただきたい。

026 | 1941年録音

ミントン・ハウスの
チャーリー・クリスチャン

チャーリー・クリスチャン

ハーレム最深部で胚胎する「ビバップ」

ギターという楽器はスウィング期は基本リズム隊の一部で、有名なところではベイシー楽団のフレディ・グリーンによる至宝の4ビート・コード・カッティングなどがありますが、そのギターでサックスやピアノと同レヴェルのアドリブ・ソロを奏で、エレクトリック・ギターによるジャズ演奏の可能性を大きく切り開いたのがチャーリー・クリスチャンである。

当時人気最高峰のベニー・グッドマンのコンボに雇われながら、彼は毎晩ニューヨークのハーレム最深部にあるジャズ・クラブでディジー・ガレスピーやケニー・クラークといった最前衛のプレイヤーたちと朝までジャム・セッションを繰り広げた。

ここでおこなわれた実験がのちに「ビバップ」と呼ばれる音楽の母体となるわけだが、ディープな場所にあるドープなクラブでコアに続けられたこれらのパーティは部外者にとってはいわば「伝説」であって、バップ普及後に「そういうイベントがあったんだよ。ありゃヤバかった」って口コミで伝えられるという、まあ、ジャンル創世記のよくある話のひとつとして記録されていたわけですが、その現場に自作の録音機を持ち込んでライブ・セッションを録音していた人がいたんですよ。

まだ磁気テープは存在してないので（ナチスが開発）アセテート盤に直接カッティングするという手法で、当時コロムビア大学の学生だったジェリー・ニューマンは録音を敢行。おそらく2台のマシーンを交互に走らせながら、目の前で縦横無尽に繰り広げられて

演奏：Charlie Christian (g),Dizzy Gillespie (tp),
Joe Guy (tp), Don Byas, Chu Berry (ts),
Thelonious Monk(p), Kenny Kersey (p),
Nick Fenton (b), Kenny Clarke(ds),
Harold "Doc" West (ds), etc.

オススメ曲
♪ Swing to Bop
♪ Stompin' at the Savoy

サイドB
♪ Seuen Come Eleven
♪ Flying Home

ゆくチャーリー・クリスチャンのソロを記録することに成功したの
だった。

　ベイシー楽団の「Topsy」のコード進行を使った、もちろんもと
もとタイトルはないママで弾き倒されたアドリブ「Swing to Bop」
の鋭角なフレージングは、「伝説」がマジモンであったことを現在
のぼくたちに伝えてくれる。盛り上がるフロアの嬌声も含め、実に
生々しくフリー・スタイル・バトルの現場をおさえた非商業的アン
グラ録音の先駆けである。この感覚がビバップだ。

　クリスチャンはこの約半年後に結核で、わずか25歳でこの世を
去った。ジミヘンと同じく、惜しんでも惜しみ尽くせないギター
ヒーローの一人である。

サイドB　1939〜1941年録音

The Original Guitar Hero
チャーリー・クリスチャン

　ベニー・グッドマン楽団時代のクリスチャンの演奏は（当時は当
然SP盤＝シングルでの吹込みなので）約3分間のアレンジの中にキ
チンと配置され、しかしどれもやはり実にプリティで繰り返し聴く
に耐える現代の古典である。CDとしていろいろなかたちにまとめら
れて出ているので、シューゲイザーとか好きな人も興味本位でいい
からちょいと一度聴いてみてくださいな。

🎺　モダニズム芸術としての結晶化したジャズ

King

Direct from Original SP
Vol.1 ／ Vol.2

チャーリー・パーカー

モダン・ジャズ史上最大の天才

　モダン・ジャズ史上最大の天才にして、世相や人智を振り切るスピードで破綻した生活を貫徹させたバッドボーイ、チャーリー・パーカー。このカリスマの逸話にはキリがないので、ここでは一番弟子のマイルス・デイビスの自叙伝におけるバードの姿を読んでみて！とだけ紹介しておくが、もちろん聴くべきは彼の音楽である。

　その演奏はどんな切れっ端でも全部聴いておきたい！と思う熱病者を世界中に数多く、たとえばSavoyやDIALレーベルに残されたスタジオ録音は現在は「コンプリート・セッション」として、残されたテープがそのまま、同じ曲のテイク違いがズラーっと並べられたカタチでリリースされている。曲数がたくさん入ってるからお徳かも（安いし）……と思ってソレ買うと、たとえば「Cheers」って曲を連続4回聴かされたりするので初心者にはオススメ出来ませんが、そうですね、ここはいっそ、パーカーがSP盤で出したサウンドをそのまんまLPに閉じ込めようとしたこの作品を聴いてみるのはどうでしょうか。78回転のSPレコードを当時のカートリッジ、オイル・ダンプ・アーム、カスタム社製真空管アンプで再生して、ノイマンSX68のカッターヘッドでLP用ラッカー・マスターに片面4曲連続して切り込む……という作業によってLP化された「1940年代当時のパーカーの音」は、Vol.1冒頭の「Ko Ko」から「ボッと音を立てて心臓に火が付く」（平岡正明）ほどの生々しさである。

　この曲はスタンダード「Cherokee」のコード進行を元にして作られた曲であるが、どこをどのようにしたらこうした音楽が生まれる

演奏：Charlie Parker(as), Dizzy Gillespie(tp), Miles Davis (tp), Bud Powell(p), Curly Russell(b), Max Roach (ds), etc.

のか、何度聴いてもゾッとするほどの創造力である——バード曰く「自分で火を起こして、自分で油をフライパンにひいて、自分で調理(クック)した」。

　多分これLPでしか出てない盤なので、フツーに聴きたい人には、まあ、まずはSavoyレーベルのスタジオ・マスターテイク集（に該当するもの）をオススメします。このダイレクト・カッティング、大の大人が6人がかりで（レコードをクリーニングして渡す係、レコードをターンテーブルに載せる係などを分担して）粛々と作業してカッティングしたとのことで、こういうことやらせると得意なのはやはり日本人。世界に誇れる国内オリジナル制作盤、機会がありましたらジャズ喫茶などでぜひリクエストしてみてください。

サイドB 1947〜1952年録音　　　　　　　　　Verve

Charle Parker with Strings
the Master Takes
チャーリー・パーカー

　バードで一番聴きやすいのはコレでしょうか。聴きやすいというか、スタンダード曲（歌もの）を原曲のメロディ＆ストリングス・アレンジのバック（いささか大仰だが）とともに演奏するということで、彼のサックス奏者としての能力（だけ）にフォーカスを当てて楽しむことが出来るアルバムである。とはいえ冒頭「Just Freinds」イントロ4小節のフレーズからすでに「！」である。「スタンダード」というジャンルの入門にも最適な24曲。

🎺 モダニズム芸術としての結晶化したジャズ

バド・パウエルの芸術

バド・パウエル

日本コロムビア

「五次元的サウンド」をうみだすピアニスト

ウチにあるCDは1987年再発の日本盤で、ライナーによるとLP時代にすでにこのアルバムは6回（以上？）レーベルなどを変えながら再発されているとのことで、いま版権はどうなってるんでしょうか。ともかく、1947年にルーストに吹き込まれたバド・パウエル（ピアニストのトシコ・アキヨシの発音だと「ポォーウェル」）、カーリー・ラッセル(b)、マックス・ローチ(ds)のトリオによる「I'll Remember April」以下の8曲と、1953年ジョージ・デュヴィヴィェ(b)、アート・テイラー(ds)と組んで録音した8曲をカップリングした16曲入りのアルバムが、「バド・パウエルの芸術」である。

ビバップ・ピアニストとしてのバドの魅力は、右手のシングル・ラインの中に、一本の線では到底表せられないような多層的な和声の断面が切り出されているように聴こえるところだと思う。強烈にドライヴしながら、過去と未来が同時にいまここにあるような透明な彫刻をバドは空中に刻んでゆく。1947年録音の8曲は、アレンジとソロとが絶妙に拮抗した、まさしく動かし難い、それぞれが固有の時間の質を持った芸術作品である。音質がイマイチというなかれ、マックス・ローチによる高速調のブラッシュ・ワークも最高な、バドもマックスも当時まだ若干23歳！　ビバップとは、当然だが、若く無名な天才たちによるあらたな芸術運動だったのである。クラシックのソレとはまったく違うこのアートを、ピアノを習わされた（そしてほどほどでヤメた）ことがある人は、いまからでも遅くないのでぜひ触れてみていただきたい。

演奏：Bud Powell(p), Curly Russell(b), George Duvivier(b), Art Taylor(ds), Max Roach(ds).

オススメ曲
♪ I'll Remember April
♪ Indiana
♪ Nice Work If You Can Get It

サイドB
♪ Cleaopatra's Dream
♪ Borderick

　1950年代に入ると彼は精神的に不安定な状態に陥り、入退院を繰り返しながら活動を続けることになる。この時期の聴くべき作品は『The Geinius of Bud Powell』(Verve)、『Blues in the Closet』(Verve)などであろうか。

　1959年にはパリに移住、彼の地を訪れたジャズメンたちと『Our Man in Paris』（デクスター・ゴートン）などの好盤を制作している。どう聴いても体調悪そうだなあというレコードでも、晶屓目にではなく、バドのピアノには「時間」の流れを手元に引き込み、裏返すような魔力が備わっているように思う。彼は1964年に再びニューヨークに戻るが、1966年7月、41歳の若さで逝去した。

サイドB 1958年録音

The Scene Changes the Amazing Bud Powell Vol.5
バド・パウエル

Blue Note

　Blue Noteレーベルに第五集まで吹き込まれた「Amazing」シリーズ・ラストのコチラ。有名曲「Cleopatra's Dream」はじめ、バドの作曲についてを考えるのに最適な一枚。息子さんに聴かせるための童謡的な楽曲もバド流で面白い。もちろん好きになった方はVol.1〜4もあわせてどうぞ。

Thelonious Monk Trio

セロニアス・モンク

誰が演奏してもカッコいい曲を作る人

　まだ聴いたことのない人に、セロニアス・モンクの魅力をどのように伝えればいいだろうか。音楽じゃなく、まず、かなりガタイが良く、見た目は熊みたいに強面で、しかし帽子やカフスやネクタイやサングラスに凝るオシャレさんで（その日に被りたかった帽子が見つからないと外出取り止めとか）、マザコン＋嫁愛（結婚した時「ママがもう一人出来た！」と喜んだそうだ）、演奏中サックスがソロを取っている時にピアノから離れて一人でクルクル踊り、晩年の5年間はほぼベッドで一言も喋らず愛猫に取り巻かれて暮らし……そんなモンクのピアノが、音楽がコレである。

　ブルージーであると同時に抽象的、キャッチーであると同時にハードでクール、グルーヴィーであると同時にギザギザ・カクカクもしているモンクス・ミュージックの個性は、モダン・ジャズにおける特異点のひとつである。このアルバムはそんなモンクの音楽性を彼自身がトリオ編成によって手のひらサイズに、しかし、手に取ってみてその作動している姿を間近で何度眺めてみても仕組みの全貌が見切れない複雑さで描いた、マティスまたはピカソの小品にも匹敵するようなタブロー集である。

　オリジナル曲と同時に「Sweet and Lovely」「Just a Gigolo」（デヴィッド・リー・ロスもカヴァー！）といった小唄もこのアルバムでは取り上げて、コチラも見事に「モンク」として響かせており、ライブの途中にふとソロで弾かれるこうした曲の魅力はライブ盤『Misterioso』の幕間や、ソロ・ピアノ集『Thelonious Himself』で

演奏：Thelonious Monk(p), Gary Mapp(b),
Percy Heath(b), Art Blakey(ds), Max Roach(ds).

オススメ曲
♪ Little Rootie Tootie
♪ Bye-Ya
♪ Monk's Dream

サイドB
♪ Off Minor
♪ Thelonious
♪ Misterioso

も楽しめるし、冒頭のコードが強力な「Little Rootie Tootie」は大編成によって迫力を倍増させた『The Thelonious Monk Orchestra At Town Hall』で、バラード「Reflections」が良かったら、ジョン・コルトレーンによる「Monk's Mood」が入った『With John Coltrane』【→P110】などなどを……と、このまま数多あるモンク作品のリスニングにぜひ進んでいいただきたく思います。

　モンク楽曲は他のミュージシャンに取り上げられることも多数で、その代表はマイルス・デイビスの「Round about Midnight」ということになると思うのだけど、【→P86】しかーしホントにモンク曲は誰が演奏してもカッコよく仕上がることが多く、彼はおそらくジャズいう枠を超えて、20世紀を代表する作曲家の一人なのである。

The Blue Note Years
セロニアス・モンク

Blue Note

　そんなモンクの作曲作品をズラーっと聴くことが出来るブルーノート・ベスト的なアルバム。A面作と楽曲被ってないのでこの2枚で約30曲のモンクを楽しめる。あと、めずらしくヴォーカルでカヴァーした傑作として、カーメン・マクレエの『Carmen Sings Monk』(Novus)を挙げておきます。他にもモンク作品集は多数で、どれもコレも名盤揃いで、いやはや、いまからディグって聴いてゆく人が羨ましいですよ。

🎵 モダニズム芸術としての結晶化したジャズ

A Night at Birdland Vol.1／Vol.2

アート・ブレイキー

ジャズのLP時代の幕開け

　1961年のドンピシャ正月に羽田に到着したアート・ブレイキーと
ザ・ジャズ・メッセンジャーズご一行は、2日からはじまったホー
ル・コンサートでニッポンのジャズ・ファンたちにほぼ「激震」と
もいえるほどの音楽的衝撃を与えた。ライブをリポートした翌月の
「スイング・ジャーナル」の特集タイトルは〈魂の感動　メッセン
ジャーズ再発見〉である。

　詳しく取り上げているスペースがないのが惜しいけど、この来日
公演によって我が国の「ジャズ」は、スウィングからモダンへ、白
人的なものから黒人的なものへとその主体を完全にシフトさせるこ
とになったのであった。

　その時点でも最新鋭・現役バリバリだったジャズ・メッセンジャー
ズ。その活動の起点にあたるのがこの『バードランドの夜』だ。盤
をプレイすると、ジャズ・クラブ「バードランド」の名物司会者
ピィー・ウィー・マーケットの「今夜のギグは録音されるんだぜ！」
みたいなアナウンスが聴こえてくる。さよう、この1954年2月のラ
イブ・レコーディングが、ここからはじまる「クラブでの演奏を録
音して編集してアルバムを作る」というモダン・ジャズのルーティ
ンを枠付ける画期だったのである。

　SPからLPメディアへの転換にあって、「ライブの現場こそが作
品」という「モダン・ジャズ」のイデアはようやっと、はじめて、
自分たちに相応しいメディアを得ることが出来たのであった。長回
しによる、ノーカット、ノー演出の、出演者そのものの資質を露出

演奏：Art Blakey(ds), Lou Donaldson (as),
Clifford Brown (tp), Horace Silver (p),
Curly Russell(b).

オススメ曲
♪ Split Kick
♪ Quicksilver
♪ Comfirmation

サイドB
♪ A Night in Tunisia

させたプレイの組み合わせこそにモダン・ジャズの創造性は宿る。
LPメディアはこのようなジャズの創造力を「商品」としてパッケー
ジングすることに成功し、その最初のアピールがジャズ・メッセン
ジャーズ……特にリーダー、アート・ブレイキーによる「ドラムス」
のサウンドだったのであった。

　ハイハットとバスドラムを同時に駆使する「ドラムス」は、現在
においてもそれを「どうやって録音するのか？」ということが問題
になるキメラ的楽器である。ブルーノートはこの課題にこのアルバ
ムによって見事な解答を提出し、モダン・ジャズのサウンドのモデ
ルのひとつを形作ったのであった。そして、さらにそこには「トラ
ンペット・センセーション」──新人クリフォード・ブラウンのサ
ウンドまでがフィーチャーされている……。本作には、やはり、あ
たらしい時代を告げる鐘の音がはっきりと刻まれていたのである。
[→P80]

サイドB 1960年録音

A Night in Tunisia
アート・ブレイキー＆ザ・ジャズ・メッセンジャーズ

　1961年の来日公演前年に録音された、リー・モーガン(tp)、ウェ
イン・ショーター(ts)という若獅子2人をフロントにした超絶イケイ
ケの、いわゆる「ハードバップ」作品のポップさとハードさがよく
バランスした充実作である。有名な「チュニジアの夜」はこのヴァー
ジョンがベスト。メッセンジャーズはこの後も長く、多くのタレン
トを輩出しながら1980年代まで活動することになる。

Emarcy

Study in Brown
クリフォード・ブラウン＆マックス・ローチ

ジャズ界のジェームズ・ディーンの色褪せないプレイ

　トランペッター、クリフォード・ブラウンのジャズ・シーンへの登場とそのあまりにも早い退場（1956年、ツアー中に自動車事故死。享年25歳）は、そのタイミングが「モダン・ジャズ」という音楽のスタート期だったこともあって、「青春」の輝かしさとその唐突な終わり……といういささか文学的（？）な感慨を、その録音を聴き直すたびにぼくたちに経験させてくれる。

　彼は前年死去したジェームズ・ディーンと同い年。青年の孤独を体現したジミーと違って、ブラウニーのサウンドは明るく、軽快、かつ情緒に溢れ、誰もがその演奏の美しさに息を呑みながら、最上の「音楽」が目の前で生まれてゆくことの驚きと悦びに充たされてゆく……そんな奇跡のような瞬間が、ブラウニーの録音にはあふれているのであった。

　大げさだなぁ〜と思う人は、このさいYouTubeでもなんでもいいから、まずはこちらのスタジオ録音から聴いてみてください。マックス・ローチと正式に双頭コンボを組んでから1年あまり、グループ表現としても実に充実したアルバムで、冒頭、高速調の「Cherokee」におけるブラウニーのソロは、音の粒立ちといいフレーズのしなやかさといい絶品である。彼のトランペットのこの伸びやかな明るさよ！　同楽曲を「KOKO」として表現したバードらの演奏から約十年、このサウンドには若さと同時にすでに成熟と、ここからさらに異なった音楽へと伸びてゆく可能性に充たされている。

　バップの始祖たるバードが死んだのが、この吹込みのわずか半月

演奏：Clifford Brown(tp), Harold Land(ts),
Richie Powell(p), George Morrow(b),
Max Roach(ds).

オススメ曲
♩ Cherokee
♩ Jacqui
♩ George's Dilemma

サイドB
♩ I Come from Jamaica
♩ Donna Lee

後（1955年3月）である。創成期が終わり、ここから次の世代の新鋭たちによって、さらなる音楽的領土の拡大と定礎がおこなわれてゆくだろう時代のはじまりを告げるのが、この「ブラウン＝ローチ」のサウンドである。しかし……このわずか1年後には、クリフォード・ブラウンも鬼籍に入ってしまうのだ。

　ブラウニーの死はジャンルの創造と同時に起こった特権的な出来事である。このあと、「モダン・ジャズ」は彼の死を踏み越えて、そのトランペットの輝かしい響きをその内面に無言で織り込みながら、自分たちのサウンドを拡大し続けてゆくことになるだろう。

サイドB 1952年／1956年録音

Colombia

The Beginning and the End
クリフォード・ブラウン

　はじめての録音（ノヴェルティ色の強いラテン系歌モノ曲）と、死の数時間前に録音された最後のライブをカップリングしたアルバム。1952年のデビュー当時からタダモノでなかったことが、わずかワンコーラスだけのソロによっても十分にうかがわれる。遺作となった録音には言葉もない。

モダニズム芸術としての結晶化したジャズ

Blue Note

Song for My Father

ホレス・シルヴァー

ラテン、ブルース、ゴスペルを重ねるファンキーな楽曲たち

ホレス・シルヴァー　はア　ト・ブレイキ　と共同で「ジャズ・メッセンジャーズ」を組織し、マイルスやソニー・ロリンズの「ハードバップ」作品をサポートしたのちに独立。まずはEpic / Sonyに『Silver's Blue』を吹き込んでリーダーとしてデビューする。これも1956年の出来事のひとつである。

デビュー・アルバムに収められたオリジナル曲3曲ですでに彼の作曲能力の腕前は確認出来るが、のちに「ファンキー」と呼ばれて一大流行を巻き起こすシルヴァーの名曲群のショウケースとして相応しいのはこのアルバムだろう。

「ファンキー」とはジャズに端を発して我が国でも流行語にまでなった形容詞だが、P-ファンク後の視点から捉え直してみるならば、モダンを経由して「ゴスペル」および「R&B」といった黒人共同体性を支える音楽の基底部が、我が国にはじめてギラッと登場した姿に感応したコトバだったのだろうと思う。「Song for My Father」（スティーリー・ダンによるオマージュも有名）など、シンコペーションするベース・リフに基づいたシルヴァーの楽曲は、その上でリズムを刻むシルヴァーのバッキングとともに、モダンな聴衆たちをもダンスとコーラスの輪に誘う空間性が備わっている。

この空間の広がりに中に、南米からポルトガル／スペイン／アフリカ北岸的へと回帰してゆくメロディを呼び寄せ、ひとつの短調のフレーズにラテン／ブルース／ゴスペルに属する3種類のエモーションを重ねて滲ませることが出来たことが、シルヴァーの作曲家

演奏：Horace Silver(p), Carmell Jones(tp),
Joe Henderson(ts), Teddy Smith(b),
Roger Humphries(ds).

としての天才性であっただろう。

　モダン・ジャズを使ってダンス＆ポップス・チューンを作るにあたっての最大の参照先が、シルヴァーの楽曲である。1960年代の、どんどんハードコアになってゆく「ジャズのモダニズム」の裏地には、すでに1956〜1960年のあいだに確立されていたホレス・シルヴァーのリフとマイナー・メロディが縫い込まれているのである

　このあともシルヴァーは長くBlue Noteレーベルを拠点に独自の活動を続け、ウディ・ショウ、ランディ・ブレッカー、トム・ハレルなど多くの新人を輩出。85歳という長命（ジャズメンとしては！）を全うして世を去った。

サイドB 1975年録音

Silever 'n Brass
ホレス・シルヴァー

　1970年代に入るとBlue Noteレーベル共々なかなかに迷走気味ではあったシルヴァー、しかしどっこいこの「Silver'n」シリーズはなかなか聞き応えがある作品が多く（とはいえ『'N Percussion』はさすがにオススメしませんが……）話によるとコレ、カルテットによる録音にあとからホーン・セクションをダビングして作ったとのこと。聴いてる時はゼンゼン気が付かないノリの良さで、シルヴァーの作曲の魅力がグッと出ていて、フロアでも受ける一枚でしょう。こういう盤をヘーキで作れるところが彼の強みである。

Work Time

ソニー・ロリンズ

脱薬治療明けの若者が吹く、多幸感あふれるメロディ

バップ世代のラスト・マン（2024年現在93歳）、テナー・サックスという楽器を再発明した偉大なるソニー・ロリンズから一枚、となったらぼくはこれを選びたい。プレイすると、テープのヒス・ノイズとともに、マックス・ローチがタムを1、2発叩いて調子を確認する様子が聞こえてくる。「OK〜」と誰かの（ロリンズか？）声が聞こえ、レイ・ブライアントがピアノでコロコロと一節、カウントするフィンガー・スナップが一瞬鳴らされるが、その指先を無視するかのようにドラムスがイントロをソロで叩きはじめて4小節、ロリンズのテナーが入って、アーヴィング・バーリンの「ショウほど素敵な商売はない」が高速調でスタートする。

この瞬間に聴こえてくる感情は、歓喜である。このレコーディング・セッションの日付は1955年の12月。実はロリンズは前年から、ヘロイン禍を断ち切るために医療機関に自主的に入院し、脱薬治療とリハビリのために1年以上もシーンから遠ざかっていたのであった。24〜25歳のノリノリの時期にこの一時休止はスゴい決断だが、退院後、バードの死を挟み、盟友マックス・ローチにピックアップされて「ブラウン＝ローチ」バンドのサックス奏者として演奏活動に復帰、その最初の正式スタジオ・リーダー・レコーディングが、つまり、この『Work Time』なのであった。

この年の前半、彼は工場労働などに従事していたという。こんなテナーを吹ける男が流れ作業の隣に居るかもしれないと思うと世の中油断出来ないが、そんな彼が吹くバーリンの「No Business Like

演奏：Sonny Rollins(ts), Ray Bryant(p), George Morrow(b), Max Roach(ds).

オススメ曲
♪ There's No Business Like Show Business
♪ Paradox

（サイドB）
♪ St.Thomas
♪ Blue 7

Show Business」なのである。

　生粋のニューヨーカーであるロリンズが得意としたのは、ブロードウェイのショウ・チューンであった。ユダヤ系アメリカ人が量産した全アメリカ人のためのファンタジーを、ロリンズは自身のテナーでもって自由自在にねじ曲げ、裏返し、時にはたっぷりブルージーに唄い上げた。他人の物語を使って自分自身を十分に語る彼の知性は、世界一の国際都市NYにまったくもって相応しいものである。

　彼はこのセッションのあと、そのままローチおよびブラウニーとともにツアー活動に入り、次の年の6月22日、ロリンズはまたしてもワン・ホーンでローチとともに名盤『Saxophone Colossus』を録音する。そして、その1週間後にブラウニーが事故死するのである。

（サイドB）　1956年録音

Saxophone Colossus
ソニー・ロリンズ

Prestige

　サキコロがB面！　上述したとおり、マックス・ローチと組んで作り上げた傑作である。クルト・ワイルの「モリタート（切り裂きマック）」をまったくの退廃感ナシで演奏出来る当時の「黒人」ミュージシャンたちの知性の在り方には惚れ惚れとさせられる。もちろん、「St.Thomas」に吹いているカリブの風の存在（ローチのパーカッシブなアプローチの効果による）も大きい。ここで掴んだアプローチを手土産に、このあとロリンズ＝ローチは再びブラウニーと合流するはずだったのだ。

🎺 モダニズム芸術としての結晶化したジャズ

Columbia

Round about Midnight
マイルス・デイビス

時代はパーカーからマイルスへ

　わずか19歳の1945年、ジュリアード音楽院に通いながらジャズの現場修行に明け暮れていたマイルスは、最高で最悪の師匠であるバードのカルテットに抜擢された。終戦直後のことである。

　それから十年（ジュリアードは 中退）、彼が参加したビバップというムーヴメントはようやっとアメリカの表舞台にも姿を確認されるようになり（ちなみに雑誌「タイムス」はこの時期まで一貫して揶揄の対象としてしかビバップを取り上げていない）、ロリンズよりも一足先に（実家に帰って）コールド・ターキーでヘロインを抜いたマイルスは二度目のニューポート・ジャズ・フェスで吹いたモンク楽曲「Round about Midnight」によって俄然注目を集め、大レコード会社コロムビアからスカウトされることになる。

　田舎の上流階級家庭のボンボンであるマイルスは、コロムビアの営業が「イタリアン・スーツを着て、コール・ポーターのバラードをカッコよく吹くその姿は百万人にアピールする」と太鼓判を押すほどのメジャーよりのチャーミングさがあり、「伝説的なパーカー（もう死んだ）の一番弟子」としての名声とともに、アメリカのメジャーサイドは彼を次の「ジャズ」の代表として選んだのであった。

　会社側からの条件は、アルバムを出したあとにきちんとツアー営業に出られるバンドを組むということ。マイルスが選んだメンバーについては（字数が足りなくなっちゃうので）クレジットで確認していただきたいが、このメンツでのアンサンブルが以後の「モダン・ジャズ」のコンボのフォーミュラー・ワンとなる。

演奏：Miles Davis(tp), John Coltrane(ts),
Red Garland(p), Paul Chambers(b),
Philly Joe Jones(ds).

オススメ曲
♪ Round Midnight
♪ Bye Bye Blackbird

（サイドB）
♪ Springville
♪ My Ship
♪ Lament

　オープンでバリバリ吹きまくるバップ曲とともに、ハーマン・ミュートの独自使用によって「小声」で「語りかける」ようにエフェクトされたトランペット・ヴォイスを聴かせるバラード曲群が配置されていることに注目したい。メジャーが欲しかったのは、スッキリと都会的であると同時に、これまでアメリカが表現として持つことが出来ていなかった、内面に孤独を抱えた「個人」によるモノローグの芸術であったのだろう。

　マイルスはここで結成したクインテットを母体に、スタンダード曲＆ブルースを「同時に」抽象化することであらたなエモーションを絞り出すという離れ業を、1970sに入るまで存分に展開してゆくことになる。

（サイドB）　1957年録音

Miles Ahead
マイルス・デイビス

　マイルス側から逆にコロムビアに要求したのは「ギル・エヴァンスをアレンジャーにした大編成での録音作品」を作らせることであった。その第一弾がこちら。切れ目なくつなげられたブラス・サウンドの中を語り歩くマイルスのスムースさは素敵だ。コンボと同時にオケでの表現を、大きく羽ばたく鷹の両翼のようにキープしておくことが、「1956」年の状況に対するマイルスの解答だったのである。このコラボはさらに『Pogy & Bess』『Sketiches of Spain』という2枚の大傑作へと続いてゆく。

モダニズム芸術としての結晶化したジャズ

Columbia

Mingus Ah Um
チャールズ・ミンガス

個性豊かなプレイヤーをまとめあげる剛腕

　ジャズ界最高のベーシストの一人であり、もっとも個性的な作曲家であり、またクセの強い（自叙伝・評伝などを読むと、双曲性感情障害の持ち主だったと思わざるを得ない）バンド・リーダーでもあったチャールズ・ミンガス。マイルスと同じように（ミンガスの方がちょい年上）戦後、こちらは西海岸で活動をはじめた彼は、しかしやはり1950sには活動の場所をニューヨークに移し、1953年のカナダ・トロントでのバード、ディズ、バドの三役が揃ったラスト・コンサートで（ドラムスのローチとともに）見事なケツ持ちをつとめ、出世作はやはり1956年のアルバム『Pithecantropus Erectus』——いわゆる『直立猿人』ということになるだろうか。

　ミンガスは一曲目からいきなり十分前後の組曲的大作をぶちかまし（この時期においてはまだこうした長尺曲はきわめて異例）、2曲目「A Foggy Day」も街中の車のサイレンなどを折り込んだアレンジとなっており、彼の楽曲の特徴は標題音楽的な傾向があるところなのだが、それが同時にシュルレアリスティックな、たとえば「Reincarnation of a Love Bird」とか「Hora Decubitus」みたいな、「春の祭典」的には率直に（まあこれも当時は野蛮と思われたモノだったわけですが）ステージに乗せらんないネジれた思想性・儀式性にまぶされてあって、モダンの時代にあって「猿人」を描くこの感覚は特異なものであった。

　本アルバムは1959年に、遅ればせながらコロムビアにスカウトされたミンガスが、テオ・マセロのプロデュースと十分なリハーサ

演奏：Charles Mingus(p,b),
John Handy(as,ts,cl.), Shafi Hadi (as,ts.),
Booker Ervin(ts), Jimmy Knepper(tb),
Willie Dennis(tb), Horace Parlan(p),
Dannie Richmond(ds).

オススメ曲
♪ Better Git It in Your Soul
♪ Boogie Stop Shuffle
♪ Self - Portrait in Three Colors

サイドB
♪ The Chill of Death

ル時間を得て吹き込んだ、3菅（または4菅）編成での演奏であるに
も関わらず、その倍くらいの大きさでサウンドする充実作である。

　ミンガスの作曲の参照先にはエリントンがつねに存在しているの
だが、バード以降の個性を前面に立てた「作品としてのオーケスト
ラ」というのは実現が困難なものであって、ミンガスは自身のアタ
マの中にあるサウンドを外に押し出すために、時には自身の声を
使って叫びながら楽曲を進行させてゆく。シルヴァーとはまた違っ
たアーシーさが横溢している冒頭3曲、「3色」の薄重ねによって美
しい色彩を生み出す「Self - Portrait in Three Colors」、実に良く騒
ぐ「Bird Calls」など、それぞれたっぷり研究しがいがあるサウンド
の宝庫だ。

サイドB 1971年録音

Let My Children Hear Music
チャールズ・ミンガス

Columbia

　　ミンガス作曲作品を、サイ・ジョンソンとアラン・ラフがオーケ
ストレーションして見事録音した1972年録音のビッグバンド作品。
盟友テオ・マセロのプロデュースによって、ミンガスの分裂病的世
界が実に良く定着されている。これを聴くとミンガスはアメリカ西
海岸における特異な作曲家、たとえばヴァン・ダイク・パークスや
ブライアン・ウィルソンといった人たちの系譜にあるんだなあ、と
いうことが理解出来ます。しかしこれはあんま子供には聞かせない
方が良いだろうキケンな音楽ですなあ……。

モダニズム芸術としての結晶化したジャズ

Fontessa

モダン・ジャズ・カルテット

個人主義のジャズ界では珍しいグループ

　モダン・ジャズ・カルテット＝MJQのリーダー／音楽監督である
ジョン・ルイスは、チャールズ・ミンガスが瞬間湯沸かし沸騰型お
騒がせ狂人であるとするならば、それと格好の対照をなす静謐・反
復持続・オフトーン系の奇人（失礼）である。

　本書で「バンド」が取り上げられているのはココと「ウェザー・
リポート」だけだというところからもその特殊性はうかがえると思
いますが、個人主義者たちの集団であるジャズ界の中で20年（＋リ
ユニオン期）の長きにわたって同じ4人でおんなじ音楽をおんなじ
風に演奏し続けられたことがまずスゴい。

　そして「バッハ的対位法」＋「ブルース」＋「ミニマリズム」＋
「ルネサンス趣味」＋「必ずステージではモーニング着用」……と、
その特徴を書き出してみても「ナニそれ？」と思わざるを得ない音
楽性を、はるか1950年代の昔から1990年代まで鉄の規律でもって
成立させ続けたのもおそるべしである。

　このアルバムはジャズ部門が設立されたばかりのAtlanticで吹き
込まれた、冒頭の十秒で彼らの音楽性を見事に提示した一枚。コ
ニー・ケイのチャイム＆トライアングルの音が実にチャーミングで
あるが、1956年のコレは多分けっこうな前衛である。

　立役者ジョン・ルイスはニューメキシコ州アルバカーキ育ち。こ
こは、グーグル・マップで見てもらえれば分かると思うけど、近所
で核実験がおこなわれるほど世間から隔絶された田舎の新興住宅地
で、当時は黒人家庭も近所にまったく存在せず、ルイスはバッハな

演奏：John Lewis(p), Milt Jackson (vib),
Percy Heath(b), Connie Kay(ds).

どを弾きながら裕福な子供時代を過ごしたという。22歳で従軍し、そこでドラマーのケニー・クラークと出会い、また除隊後にロスから流れてきたライブの中継でチャーリー・パーカーの演奏を聴いて「ジャズ」という音楽に興味を持つ。ニューメキシコ大学を卒業後にマンハッタン音楽大学に入り音楽および人類学を学び、ビバッパーらと知り合ってパーカーの録音にも参加。スロー・ブルースの大傑作であるバードの「Parker's Mood」のバッキングはルイスであり、その印象は強烈だったのだろう、晩年に彼はこの曲を完コピしてあらためて録音している（『Evolution Ⅱ』(Atlantic)収録）。同時にルイスはマイルスやギル・エヴァンスが進めていたジャズ・サウンドの編曲実験にも積極的に参加し、ここから彼の音楽的ヴィジョンがひらけてゆくことになるのだった。

サイドB　1960年 / 1962年録音

Comedy
モダン・ジャズ・カルテット

　ジョン・ルイスが自身の作曲のモデルとしたジャンルのひとつに、イタリア・ルネサンス期の民衆仮面劇である「コメディア・デラルテ」というものがある。メンバー4人にその芝居のキャラを振り分けての作曲および演奏……ということらしいが正直どういうことなのかいまでもよく分からない。ダイアン・キャロルによるモノスゴいヴォーカル（スキャット）を含んだ、ジョン・ルイスの静かな狂気が顕在化しはじめた1962年リリース作品。

モダニズム芸術としての結晶化したジャズ

Jazz in the Space Age
ジョージ・ラッセル

プレイヤー全盛時代の珍しい「編曲者」からのアプローチ

　というわけで、モダンの時代の主人公たちは「アドリブ・ソロ」によって自分を表現することを至上命題とする楽器演奏者ばかりなのであるが、貴重な例外の一人がこの人、ジョージ・ラッセルである。

　ラッセルはドラマーとしてキャリアをスタートさせたが、その名が上がったのはディジー・ガレスピーのラテン・オーケストラ曲「Cubana Be」「Cubana Bop」の編曲者としてであり、同時に彼はマイルス／ギルらが実験していた中規模編成でのビバップ・アンサンブルのラボに参加する。この研究室（ギルのアパート）にはジョン・ルイス、ジェリー・マリガンらも加わっており、このネクスト・ジェネレーションの中にあって、ラッセルは積極的に「作・編曲」および「モード技法」というあらたな音組織の「理論家」としての立場を選択していった。

　ラッセルの第一作は『The Jazz Workshop』(1956 / RCA Victor)。彼の筆による、さまざまに仕掛けが施された箱庭的クール・サウンドが魅力のアルバムであるが、このアルバムの「Concerto for Billy the Kid」などで見事なソロを披露したビル・エヴァンスを再び、今度はポール・ブレイとLR対で同時に演奏させるというスゴいマッチメイク【➡P94】でさらなる名演奏を引き出したのが、この『Jazz in the Space Age』である。

　米ソが人工衛星の開発にシノギを削っていたこの時期、そもそもラテン的な、スタンダードのコード進行とはまた別の音使いが求め

演奏：George Russell(arr, cond), Al Kiger(tp),
Ernie Royal(tp), Marky Markowitz(tp),
David Baker(tb), Frank Rehak(tb),
Bob Brookmeyer(valve tronbone),
Jimmy Buffington(fh),
Hal McKusick(as), Dave Young(ts),
Sol Schlinger(bs),Bill Evans(p), Paul Bley(p),
Barry Galbraith(g), Howard Collins(g),
Milt Hinton(b),
Charlie Persip(ds) Don Lamond(ds).

オススメ曲
♪ Chromatic Universe Part 1
♪ Dimensions
♪ Waltz from Outer Space

（サイドB）
♪ Social Call
♪ Shuffle Boil
♪ Nica's Tempo

られる世界に適応力があったラッセルは、「調性引力」という発想
でもってアメリカの外へ、そして地球の外へと飛び出して帰還する
ようなアドリブの方法を理論化しようとした──これがかの有名な
「リディアン・クロマティック・コンセプト」である。

　この「理論」については菊地成孔氏との共著『東京大学のアル
バート・アイラー　東大ジャズ講義録　キーワード篇』（文藝春秋）
でけっこう詳細に取り上げたのでそちらを参照して欲しいが、「疑
似科学」の顔つきにも似たこの「コンセプト」は、ジャズが生み出
した「対抗文化」のひとつとしてキチンとチェックしておく必要が
あるだろう。

サイドB 1955年録音

Nica's Tempo
ジジ・グライス

　中規模コンボでのアンサンブル・アレンジの傑作として、あんま
り取り上げられることが少ないと思うけどジジ・グライスのコレは
素晴らしいです。A面は歌ものも含めたソフト＆リラックス・サウ
ンド、B面はモンクとともにレア曲を収録。自身のアルトをこの
セッティングで鳴らしたかったジジ・グライスの気持ちがとっても
良く伝わってくる。こういったラインの作品はもっと欲しかったで
すねぇ。

♟ モダニズム芸術としての結晶化したジャズ

New Jazz Conceptions

ビル・エヴァンス

ビル・エヴァンスの「ピアノ・トリオ」の出発点

　以後のピアニストに決定的な影響を与えたスタイリスト、ビル・エヴァンス。彼のリーダーとしてのスタートもまた1956年である。このあと長く継続することになるピアノ＋ベース＋ドラムスの「ピアノ・トリオ」の第一弾がコチラ。この編成のもともとのモデルはもちろんバド・パウエルのトリオであり、エヴァンスもパウエル直系の右手のシングル・ラインをグイグイと繰り出す手法でソロを組み立てているが、スタンダード「Easy Living」のテーマ処理などにはすでに、彼独自の良くフローティングする和声の積み方を聴くことが出来る。

　4拍5連などを使ったトリッキーなリズム・チェンジ曲「Five」、後年まで何度も演奏されるワルツ「Waltz for Debby」（ここではテーマだけ）などに込められた繊細さと実験性の両立は多くのミュージシャンの注目を集め、1958年、彼は「世界最高のグループ」（エヴァンス談）マイルス・デイビス・カルテットのピアニストの座に就任することになる。

　しかし、このグループでのエヴァンスの活動はわずか半年あまりしか続かず、正式なアルバム・レコーディング・デイトを持たないまま退団。そのあと、「モード技法」を全面的に採用したマイルスの超重要作『Kind of Blue』(1959)制作時に彼が呼び戻されていることから考えても、この退団はおそらく、エヴァンス以外すべて黒人であるこのバンドを巡る人種的軋轢に彼が耐えられなかったことが原因だったのではないかと想像される。late 1950sのこの時期、よ

演奏：Bill Evans(p), Teddy Kotick(b),
Paul Motian(ds).

うやっとアメリカは「モンゴメリー・バス・ボイコット運動」から
はじまる公民権運動の高まりの波に晒されはじめたところであった。
キング牧師の表舞台への登場もこの年、1956年である。

　白／黒という対立をもっとも先行的に明示しながら、その「音楽」
による融和の姿を芸能の力によって実現させて来た「ジャズ」とい
う音楽は、ここから先、1960sのはじまりにあって、リアル・ポリ
ティクスの荒波の直撃を受けざるを得ない状況に巻き込まれてゆく
ことになる。その直前のサウンドがこれだ。

サイドB 1962年録音

Under Current
ビル・エヴァンス＆ジム・ホール

> 　同世代の名手ジム・ホール(g)とのデュエット・アルバム。ギター
> も弦楽器なので6本＋88本の弦によるサウンドであるわけだが、実
> に抑制された演奏で、こういうのをコード・シンボルのみを元手に
> さっとやっちゃえるのが「モダン・ジャズ」のオソロシさなのであ
> る。しかしこのアルバム、CD版で、冒頭に「オルタネイト・テイク」
> ——つまり一度ボツになった演奏がボーナスとして置かれているも
> のがある。こういうオマケは最後らへんにスッと追加するのがエチ
> ケットというものではないのか。バカなのか？といまだに納得出来
> ない。みなさんどう思いますか？

♟ モダニズム芸術としての結晶化したジャズ

TOMMY FLANAGAN OVER

Prestige

Overseas
トミー・フラナガン

このドラムサウンドを聴き比べるようになったら、もう通

　1957年、トロンボーンのJ.J.ジョンソンのバンドでヨーロッパ・ツアーに出発したトミー・フラナガン(p)、ウィルバー・リトル(b)、エルヴィン・ジョーンズ(ds)らは、公演の合間を縫って8月15日、スウェーデンはストックホルムでピアノ・トリオのレコーディングを敢行した。

　海外録音ってことなので『Overseas』なわけですが、北欧でもこの時期、ダンモの人気は沸騰しはじめていたのでしょう。前年ロリンズの『Saxophone Colossus』をバックアップした「Jazz Poet」＝トミー・フラナガン最初のリーダー作は超快調。チャーリー・パーカーの「Relax'n at Camarillo」からはじまり、オリジナル曲を中心に、エリントンの「Chelsea Brige」、スタンダードの「Willow Weep for Me」なども含めた全9曲。北欧にちなんだ「Verdandi」なんて曲もありますが、そしてその曲のマイナー・メロディを煽るエルヴィン・ジョーンズのブラッシュ・ソロはヴァイキングの子孫たちの目をきっと丸くさせただろうモノスゴさである。

　全編をブラッシュ（木製のスティックではなくて、細い針金を束ねて作った箒みたいなもの）で通したエルヴィンのプレイはきわめて知的で、しかしその知性は完全に肉体によってコントロールされたものであって（逆ではない）、特にラテン・リズムでテーマが演奏される「Eclypso」における彼のタムタムとスネアのコンビネーションはまさしくマジカルである。

　このドラムスのサウンドこそシステムに贅を尽くしたジャズ喫茶

演奏：Tommy Flanagan(p), Wilbur Little(b),
Elvin Jones(ds).

のスピーカーで聴くべきものであって、それぞれのお店の店主が自身の思想信条に従って（大げさなモノ言いではないゾ。ドラムの音はその人の実存を決定する重大案件なのだ）チューニングした「エルヴィンのブラッシュ」を聴き比べる楽しさが、ジャズ喫茶でジャズを聴く楽しさなのである。

　トミー・フラナガンはこのあとも自身のトリオなどで長らく活動を続け、さまざまなレーベルに多くの作品を残した。あと一枚、ということになると、日本制作盤の『The Trio』が良いかなと。「中庸の美」という言葉は彼のためにある。

サイドB　1956年録音

Jazzmen Detroit
ケニー・バレル

　トミー・フラナガンを含め、モーターシティ・デトロイト出身のミュージシャンたちがニューヨークで集まって録音した一枚である。ケニー・バレル、ペッパー・アダムスという個性派の活躍がたっぷり楽しめる。まだモータウンが設立される以前、タイミング的にはメンフィスのサン・レコードからRCAにエルヴィスが譲渡される時期、ジャズメンたちはすでにリゾーム的なネットワークを形成して全国に（全世界に！）演奏の根を張り巡らせていたのであった。

🐝 モダニズム芸術としての結晶化したジャズ

The Trio Vol.1

ハンプトン・ホーズ

ノンシャランとした西海岸サブカルチャーを先取りした音

　西海岸を代表するピアニストの一人、ハンプトン・ホーズが同じくロスのモダン・ジャズ・レーベルの草分けコンテンポラリーに吹き込んだ一枚。スタンダード6曲＋ブルース＆リズム・チェンジという選曲はいかにもノンシャランとしていて、とりあえず朝鮮戦争も終わった（終わってません！）西海岸のビーチ付近に生まれはじめた、サーフィンその他に代表されるあらたなサブカルチャーの兄貴分……といった貫禄が感じられる（と思う）。

　というか、ホーズは従軍して1953〜1954年のあいだ日本にも来ており、この章の最後でも取り上げる『モキャンボ・セッション』に登場して1曲「Tenderly」を弾いているのである。これがまた曰く付きの録音で、アナウンスがあってから演奏がスタートするまで二度ブツっと（資材がもったいないので）音が途切れ、プレイはおそらくヘロインが入った人間特有のタイム感でもって進められ、そして演奏が終わったあとホーズはトイレでドラッグを打ってるところをMPに見つかって拘束されて、そのまま強制送還されて日本から姿を消してしまった……ということである。うーむ。

〔→P116〕

　ともかく、この時期実地にホーズからビバップの薫陶を受けた日本のミュージシャンは数多く、ちょいと時期は違うが山下洋輔氏が勉強のためにコピーしたのもこのウマさん（というあだ名）のソロだったということで、我が国とは因縁浅からぬピアニストなのであった。

　弾きはじめるとまるで泉が湧くかのごとくきわめて自然にフレー

演奏：Hampton Hawes(p), Red Mitchell(b),
Chuck Thompson(ds).

オススメ曲
♪ I Got Rhythm
♪ Carioca

サイドB
♪ Get Me to the Church on Time
♪ I Could Have Danced All Night

ズがつながってゆくホーズのプレイは、フィーリング的にはMJQの
ミルト・ジャクソンに近いだろうか。ジャストよりちょっとモタリ
気味の右手が特徴であり、「So in Love」のような小唄をゴージャス
に弾き切る腕前にも感心させられる。このあとホーズは『Vol.2』、
「All Night Session」シリーズ、『Four !』、ソニー・ロリンズとの
『The Contenporary Leaders』などの佳作をコンテンポラリーに吹き
込み、西海岸を中心にマイペースな活動を続けることになる。モダ
ン・ジャズの楽しさを満喫出来る一枚である。

サイドB 1956年録音

My Fiar Lady
シェリー・マン&ヒズ・フレンズ

　同じくコンテンポラリーからの一枚、こちらを仕切ったのはもう
一人の西海岸の顔役＝シェリー・マンである。ベルリン生まれの才
人アンドレ・プレヴィンをフィーチャーして、この年前半の大当た
りミュージカル「マイ・フェア・レディ」を早速ネタにして軽やか
に爽やかに演奏しインディー・レーベルではめずらしい大ヒット！
名エンジニア、ロイ・ディナンによる初期ステレオ録音の傑作とし
ての価値もある。教会に間に合うようにいってくれ！

モダニズム芸術としての結晶化したジャズ

Gerry Mulligan Quartet Vol.1

ジェリー・マリガン・カルテット

「カリフォルニアの青い空」をはじめて体現したアルバム

1950s冒頭のジャズ界の話題の中心は、カリフォルニア州周辺から届けられる新興レーベルのサウンド群であり、ジャーナリズムはそれらをまとめて「ウェスト・コースト・ジャズ」と呼び、「白人中心」の「クール」なジャズのあたらしいカタチとして賞賛した──というわけでHIPHOP以前にジャズにも「ウエッサイ」があったわけですが、実態はコレ単に太平洋戦争～朝鮮戦争特需による好景気の波が西海岸に訪れていたこと、および、映画産業によるサントラLPのブームが起こり、譜面に強くジャズも出来るミュージシャンたちが続々とスタジオ周りに集められたことに起因した一時的なもので、その音自体は西も東もあんまり変わりはなかったのが実情であった。というわけで、現在ではこのような分類はもう見かけなくなっちゃっております。

とはいえ盛り上がっている場所には新興のサウンドが生まれるのも世の常であって、1952年にニューヨークからロスに移住したジェリー・マリガンは、除隊したばかりのチェット・ベイカーと組んでピアノを抜きにしたクインテットを結成、ジャズ・クラブ「ヘイグ」に出演して人気を博した。このサウンドを録音してパシフィック・レコードを立ち上げたのが同店の店員だった元祖ヒッピー的（というかリアル・ビートニクというか）メンタルの持ち主であるリチャード・ボックであり、彼はこのアルバムの成功に乗って次々とジャズのレコードを制作、1950s後半からは西海岸から太平洋を見据えてレーベル名を「ワールド・パシフィック」に変更し、ラヴィ・

演奏：Gerry Mulligan(bs), Chet Baker(tp),
Bob Whitlock(b), Chico Hamilton (ds).

シャンカールのアルバムを制作するなどの狼藉を働いた。

　マリガンのこのアルバムがラジオからはじめて流れてきたのを聴いた故・副島輝人氏はかつてぼくに「すごい前衛に聴こえた。日本の歌謡曲に混じってコレがかかった時はショックだった。風景が変わった」と述べた。さもあらん、バリトン・サックスとトランペットの2菅によるきわめて軽くスムースで、しかし密に絡まり合うアンサンブルはちょっと抽象表現主義にも接近しているかのようなモダンさで、いま聴いても新鮮である。ジャケット写真に写された4人の不敵な面構えも最高な「カリフォルニアの青い空」を世界で最初に体現したアルバムのひとつであろう。

サイドB　1963年録音

Night Lights
ジェリー・マリガン

> 　そんなマリガンの「夜」のアルバムがこちら。参加者全員が夜の静けさを味わっている、そんなスローでサトルな演奏が続く鎮静剤として持ってこいの一枚。アート・ファーマー(tp)、ボブ・ブルックマイヤー(tb)、ジム・ホールといった好手のプレイを堪能するアルバムでもある。ベースは『さよならバードランド』（新潮社）のビル・クロウ。

Konitz Meets Mulligan

リー・コニッツ＆
ジェリー・マリガン・カルテット

すさまじいアルト・サックスのソロ

　前項のジェリー・マリガン・カルテットに、アルト・サックスの名手リー・コニッツが客演したPacific Jazz Recordsの2枚目のアルバムがコレ。このアルバムの「Too Marvelous For Words」「Lover Man」「I'll Remenber April」「These Foolish Things」「All The Things You Are」と続く冒頭5曲のコニッツのソロは本当に凄まじい。根城である「ヘイグ」でのライブであるのも関わらず、マリガン、チェット・ベイカーという切れ者にほとんどソロを取らせず（編集でカットした部分もあるでしょうが）閃光のごとく一人で吹き切るコニッツの勢いは感動的である。録音＆ミックスも良い！

　バードとはまたまったく異なったこのトーンとフレージングは現在に到るまでまだ誰もその側に近寄ることさえ出来ていない孤高のユニークさである（唯一の例外的プレイヤーは、おそらく、我らが林栄一氏のみであろうか）。

　コニッツはこのあと特定のグループを作らずに、一所不定のソロ・アーティスト活動を死ぬまで続けてゆくことになる。ソニー・ダラス(b)、エルヴィン・ジョーンズ(ds)とのサックス・トリオでの強烈な『Motion』(Verve)、ダビングなども駆使して各界の名手たち（自分自身も含む）と独自の世界を記録した『Duets』(Milestone)、ブラッド・メルドー(p)、チャーリー・ヘイデン(b)、ポール・モチアン(ds)とのカルテットでのライブ『Live at Birdland』(ECM)、全曲オリジナル新曲で固めたジョン・ゾーン委嘱作『Some New Stuff』(DIW)……などなど、どれを聴いても満足することが出来る名盤多

演奏：Lee Konitz(as), Gerry Mulligan(bs), Chet Baker(tp), Carson Smith(b), Larry Bunker(ds).

オススメ曲
♪ Too Marvelous for Words
♪ Lover Man
♪ I'll Remember April

サイドB
♪ Tautology
♪ Subconscious-Lee
♪ Rebecca

数である。

　最近はYouTubeなどで手軽に彼が（まあ、彼に限らずだが）演奏する姿も拝見出来るようになった。パーカー・トリビュートでのソロなど爆笑モノで（見れば分かります）、ああーやっぱコニッツってこんな人なんだ……と認識をあらたにしました。

　「All The Things You Are」1曲あれば無限にインプロヴァイズ出来るよ、という彼の「即興」についてのロング・インタビューをまとめた『ジャズ・インプロヴァイザーの軌跡』(DU BOOKS) も邦訳されているので、傍に置きながらアルバムを聴き進めてゆくのも一興だろう。2020年、92歳で逝去。

サイドB　1949〜1950年録音

Prestige

Subconscious - Lee
リー・コニッツ

　リー・コニッツの師匠格としては、ピアニスト／作曲家／音楽教師であるレニー・トリスターノがいる。このアルバムはそのトリスターノ門下時代のコニッツの演奏をまとめた歴史的一枚。クール、ハード、アブストラクションという形容が相応しい、歌モノからすでにはるか遠く離れたラインが連続してあらわれる驚異の作品集である。ビリー・バウアー(g)とのデュエットによるバラード「Rebecca」は、1950sにおける未来のサウンド。

🎵 モダニズム芸術としての結晶化したジャズ

Stan Getz Quartets

スタン・ゲッツ

ボサ・ノヴァをポップスの領域に引き入れた功労者＝ゲッツ

　クール・テナーの第一人者、スタン・ゲッツの絶頂期を捉えた
1949〜1950年の、三つのサックス・カルテット録音の記録である。
この時、ゲッツはまだ22、3歳。はじまったばかりのモダン・ジャ
ズの時代に相応しい、天衣無縫という滅多には使われない言葉が
ぴったりの名演奏が揃っている。

　彼のキャリアは16歳（！）で戦前派の御大ジャック・ティーガー
デン(tb, vo) の楽団に入ったところからスタートする。まだ半ズボ
ンを履いていてもおかしくなかった年齢からジャズメン生活に飛び
込んじゃったわけで、そのまま西海岸にわたってスタン・ケントン
のオーケストラに入り、ニューヨークに出てベニー・グッドマン楽
団に参加し、戦後、バップ的演奏をいち早く自身のアレンジに取り
入れたウディ・ハーマンの「ニュー・ハード」の一員となる。この
楽団ご自慢の当時のサックス・セクションはゲッツ、ズート・シム
ズ(ts)、リー・コニッツ、ジェリー・マリガンらが揃った素晴らし
【⤷P102】　　　　　　　　　【⤷P100】
いもので、ゲッツはこのメンツに混じって自身の腕を磨いたので
あった。

　彼のソロの特徴は、原曲のメロディに寄り添いながら息の長いフ
レージングでその細部を華麗に彩ってゆく構成の妙にある。もちろ
ん「サブ・トーン」といわれる息音成分を多く含んだ音色も独自の
ものであって、サックスにあってもっとも大切なものはこの音色の
個性なのである。

　彼のもっとも良く知られた作品は、トム・ジョビンの楽曲を世界

演奏：Stan Getz (ts), Steve Kuhn (p), Roy Haynes (ds).

レヴェルのチャンネルに乗せた『Getz / Gilberto』(Verve)であるだろう。ザ・ビートルズの時代のはじまりにあって、ゲッツはボサ・ノヴァというまた異なった南米の大鉱脈をポップスの領域に引き入れた功労者でもある。

　1991年、ケニー・バロン(p)とのデュエットによる『People Time』(Emarcy)を残して死去。このアルバムは泣けます。残されたレコーディングは膨大ですが、あと、エディ・ソーターのバルトークばりのオケに素手で挑んだ『Focus』(Verve)なんかもスリリングでいいんじゃないでしょうか。

サイドB 1957年録音

Art Pepper Meets the Rhythm Section
アート・ペッパー

　ウェスト・コースト系白人サックス奏者の代表アート・ペッパーが、当時のマイルスのリズム隊と組んで製作した記念碑的な一枚。硬質な音色による気合一発のソロは、フリー・ジャズ以前の「シャウト」的表現の最良のものだと思う。彼もドラッグ禍で苦労したミュージシャンの一人であって、晩年の枯れた演奏も捨てがたいが、この時期の『Modern Art』(Intro)『Art Pepper + Eleven』(Contemporary)などをやはりオススメしておきたい。クールの代表選手の一人。

🎺 モダニズム芸術としての結晶化したジャズ

Columbia

Time Out
デイヴ・ブルーベック

変拍子によって「ポップス」の外へ

　1956年に続く「モダン・ジャズ・ヴィンテージ年」である1959年に吹き込まれた、全曲メンバーのオリジナル曲で固めた＝それまでのメインである「スタンダード曲」から手を切った、積極的に「歌モノ」の外へと出てゆくことを試みたアルバムのひとつである。

　ちなみにこの年コロムビアはマイルスに『Kind of Blue』を、ミンガスに（すでに取り上げた）『Mingus Ah Um』を作らせており（プロデューサーはすべてテオ・マセロ）、ジャズ・ミュージシャンの筆によって書かれたこれらのアルバムの楽曲は、「モダン・ジャズ」はもはやどのような意味でも「ポップス」に従属するような音楽ではないのだゾ、ということをほとんど戦闘的とも言えるようなカタチで表現した作品群なのである。

　実際、このアルバムの1曲目「Blue Ronde A La Turk」＝「トルコ風青ロンド」は奇数拍子を使ったキメを多用する、ちょいとストラヴィンスキーも入った（ブルーベックはダリウス・ミヨーの弟子）積分型の楽曲で、スタンダードとも、もちろんブルースともまったく異なった構造を持っている。アドリブだけ4ビートになっちゃうとことか、まだまだ過渡期だなあとは思いますが、普通にヘンで、しかしキャッチーさは備わっているというなかなかなステキな楽曲だと思います。

　リズム的な仕掛けを凝らしたこのアルバムの楽曲からは「Take Five」という大ヒット曲も生まれており、どんどん雰囲気がシリアスになってゆく1960sの「ジャズ史」において、たとえば「Three

演奏：Dave Brubeck(p), Paul Desmond(as),
Eugene Wright(b), Joe Morello(ds).

オススメ曲
♪ Blue Rond à la Turk
♪ Take Five
♪ Three to Get Ready

<サイドB>
♪ My Funny Valentine
♪ I Should Care

to Get Ready」などの曲に漂っているキュートな感じは省みられることが少なくなっちゃったと思うけど、やはりコレはジャズ史におけるひとつのエポックとして取り上げておきたい一枚である。「ジャズの作曲」というトピックにおける先行テクスト例としても重要だ。

　モダン・ジャズはこのあと、ブルーベックらが示した方向には進まなかった。が、しかし、この4人は激動の1960sをこの感じのままで乗り切ることに成功したのであった。あっぱれである。

<サイドB> 1961年録音

Desmond Blue
ポール・デズモント・ウィズ・ストリングス

　そのブルーベック楽団の至宝、もっとも個性的なアルト・ヴォイスの持ち主であるポール・デズモントによる小編成オーケストラをバックにした吹奏がこちら。ジャズであると同時にムード音楽でもあり、なんならこのまま劇伴にも使えるという実に汎用性の高い逸品である。こういう贅沢品を一枚、いい状態のLPで持つことが出来ると心の安寧に大きく貢献するので、みなさんもよろしければお試しあれ。第4章の最後の方に取り上げる、『北京の秋』と『裸のランチ』（どっちもストリングス物。小説モノでもありますね）とともに。

Prestige

4, 5 & 6

ジャッキー・マクリーン

堅実な「ハード・バップ」演奏が十分に楽しめるアルバム

　ポール・デズモントと対照的な音色、フレーズ、リズム感でバリバリと吹きまくるアルティスト、ジャッキー・マクリーンの快作をここで聴いてみたい。同じ楽器からこんだけ違う音が出るのかーと、いまでも聴き比べるたびに毎回しみじみ感慨を覚えるのですが、まあ、「個性」というものはこのような同ジャンルにおける絶対的な異なりのことを指すのだ、ということがこの時期のジャズを聴くと実感出来るので、「多様性」の教育とかにはぜひ、これらのレコードをお使いください。

　それはさておき、マクリーンのこのアルバムも1956年の産である。マイルス・デイビスのバンドから単立った彼が、はじめてその実力のほどをはっきりと示した録音であって、トランペットにドナルド・バード、リズム隊にマル・ウォルドロン(p)、ダグ・ワトキンス(b)、アーサー・テイラー(ds)という堅実なメンツを揃えた、いかにも「ハード・バップ」な演奏が十分に楽しめるアルバムだ。

　冒頭の「Sentimental Journey」はスウィング時代から愛されている小曲だが、マクリーンの腕にかかるとコレが見事にモダン化され、また、パーカーには縁遠い「泣き」のフレージングがところどころに織り交ぜられるのが魅力だ。このサウンドはマル・ウォルドロンと組んだ『Left Alone』(Bethlehem)でも十分に発揮され、我が国のジャズ喫茶に集うファンたちのリクエストを集めることになる。

　マクリーンのアルバムからもう一枚選ぶとするならば、1962年のBlue Note作品『Let Freedom Ring』。この2枚を聴き比べてみると、

演奏：Jackie McLean (as), Hank Mobley(ts), Donald Byrd (tp), Mal Waldron (p), Doug Watkins (b), Arthur Taylor(ds).

1950sから1960sへの架橋の大きさが実感出来るのではないかと思う。サックス一本で現実に立ち向かうという作業は並大抵のことではない。しかし、この時期のジャズメンたちはアメリカの、そして世界の情勢の変化をその即興演奏に実にビビッドに反映させながら、自身の音楽を表現していったのであった。

　近代絵画の画面を構成するひと刷毛・ひと色に画家たちの思考が刻まれているように、アドリブによって展開されてゆくジャズメンたちの一音一音には、世界に対する彼らの意志が表明されているのである。

（サイドB）　1960年録音

Soul Station
ハンク・モブリー

『4,5&6』にも参加しているテナー・サックス奏者ハンク・モブリーは、ジャズ・メッセンジャーズをはじめとする歴代の名グループに参加、リー・モーガンやアート・ファーマーといったトランペッターとも良いコンビを組み、2菅で演奏される彼のハード・バップ・ミュージックのテーマのカッコよさはジャズを聴く醍醐味のひとつである（このアルバムはワン・ホーン作品ですが）。冒頭の「Remember」のアブストラクト加減がとにかくカッコいい。

Blue Train

ジョン・コルトレーン

コルトレーンを聴かない人生なんてありえない

　1960sのジャズを牽引することになるテナー・ジャイアント、ジョン・コルトレーン。しかしこの『Blue Train』吹込み時点（1957年）では、ハンク・モブリー、マクリーン、ソニー・スティット、ルー・ドナルドソン、そしてもちろんソニー・ロリンズらとようやっと横一線に並んだくらいの扱いで、そもそも彼のシーンへの登場は前年のマイルス・カルテットへの抜擢からであって、当時は「マイルスはなんであんな下手クソ雇ってんの？」とインサイダーから陰口を叩かれていたくらいの立ち位置だったのである。

　しかしこのアルバムでのトレーンをお聴きあれ。マイナー・ブルース「Blue Train」でのギザギザとしたフレージング（リマスター版ではそのタンギングの細かなところまで聴き取れるサウンドになっていてオススメ）は「ファンキー」ともまた異なったあらたなフィーリングがすでに横溢しており、リー・モーガン、カーティス・フラー(tb)とともに10分という長尺のセッションを繰り広げる彼のソロは、SP時代＝3分間芸術では収まらない世界を「前提」にしてはじまったトレーン世代の躍動そのものの記録である。

　のちの「Giant Steps」ではっきりと示されるいわゆる「コルトレーン・チェンジ」（メカニカルな転調を高速で繰り返す和声進行）の先駆け曲である「Moment's Notice」および「Lazy Bird」で、トレーン以外のメンツが慣れないコード進行に戸惑いながら、しかしおそらくモーガンは、ここでほぼほぼ反射神経だけでソロを吹き切るという手に汗握る離れ業を披露している。まさしく過渡期の吊り

演奏：John Coltrane(ts), Lee Morgan (tp), Curtis Fuller (tb), Kenny Drew (p), Paul Chambers (b), Philly Joe Jones(ds).

橋をわたる様な演奏であって、フラーの戸惑いが反映されたアドリブもここでは貴重なドキュメントだ。

　その他、名盤『Ballad』につながる詩情を湛えたスタンダード曲「I'm Old Fashioned」も美しい。つい最近まで日本のジャズ喫茶では、ジャケットのトレーンの口元にキャンディ（またはアイス）の棒が写っていることに気が付かず、その表情に「何か深遠な思想」を読み取ったりもしていたのだが、まあ、そんな純文学な気分にコルトレーンのソロはピッタリである。コルトレーンを聴かない人生と聴く人生があるとするならば、どう考えても「聴く人生」の方がいろいろと面白い……と思わせる、ジャズにおけるスーパー・ヘヴィー級ランカーのキャリアのはじまりがこのあたりである。

サイドB 1960年録音

Coltrane's Sound
ジョン・コルトレーン

　上述のアルバムから3年（リリースは1964年）。Atlanticに移籍したトレーンの、『My Favorite Things』に続く吹込みをまとめた作品がこちらである。エルヴィン・ジョーンズ、マッコイ・タイナー(p)という盟友を得て、ラテン的パターンの上でソロの間合いを測る「The Night Has A Thousand Eyes」と「Equinox」が過渡期的なサウンドで貴重。翌年から彼は新興のImpules!に舞台を移し、さらに広くヴァーチャルな「ワールド・ミュージック」の探求に踏み込んでゆく。

047 | 1960年録音

Out There
エリック・ドルフィー

いったい、この人のアタマの中はどうなっているのか?

　ネットによる視聴が現在ほど　般的ではなかった（というか普通の家にはPCがなかった！）2000sまで、過去の「動くジャズメン」の姿を映像で見る機会は正直とっても貴重なもので、コルトレーンのライブ映像なんて16mm（音無し）のメディアでしか見られなかったりとか、1980sマイルスでも海賊版のVHSでようやっととか、いろいろな逸話が残されているわけですが、現在でも「ジャズ映画の古典」としてフツーに見るに値する1958年の『ニューポート・ジャズ・フェスティヴァル』を捉えた『真夏の夜のジャズ』の中で、西海岸派のドラマー／リーダーであるチコ・ハミルトン・クインテットでフルートを吹いていたのがエリック・ドルフィーである。

　……といわれても、「え？そうなの？」ぐらいで、見直してみるまでどこに出てたかも分かんないくらいの印象の薄さが、むしろドルフィーの特異性をあらわしているようで興味深い。彼は強烈なソリストであると同時に、オーケストラでは複雑なセクション・パートも平気でこなせるきわめてヴァーサタイルなミュージシャンであった。

　エリック・ドルフィーはモダニストの中にあって「フルート」「バスおよび普通のクラリネット」「アルト・サックス」という3種類の楽器を自身のソロ表現のために駆使した貴重な多楽器主義者である。彼はこれらの楽器をほぼ同等の割合で、そしてそれぞれまったく異なったテイストでもって演奏に用いた。1960年に吹き込まれたこのアルバムでは「Out There」「Feathers」でアルト、「The Baron」

と「Serene」でバス・クラリネット、「17 West」「Sketch of Melba」でフルート、「Eclpise」でクラリネットと使い分け、それぞれがロン・カーターによるチェロと重ねられて、なんというか、実に奇妙な音楽世界が実現されている。

まずは冒頭「Out There」のアルト・ソロ（と、その前に置かれたナゾのチェロのフレーズ）にぶっ飛ばされて欲しい。同年の『Outward Bound』(New Jazz)、ブッカー・リトルと組んだ『Far Cry』(New Jazz)、1964年の『Out to Lunch!』(Blue Note)と、彼のスタジオ録音は宇宙から昼メシに向かって1960s前半、ほとんどニューウェーヴSFのように内面化・結晶化してゆく。モダン・ジャズが産んだ最大のナゾの音楽のひとつがドルフィー・サウンドである。

サイドB 1960〜1961年録音

Candid Dolphy
エリック・ドルフィー

批評家ナット・ヘントフとチャールズ・ミンガスが組んで立ち上げたレーベルの録音をまとめたアルバム。ジョニー・ホッジス(as)先輩の影響を十分に咀嚼した『Stormy Weather』、ロイ・エルドリッジ(tp)と組んだ『Body & Soul』（マジ最高）、アビー・リンカーン＆マックス・ローチとのド派手な「African Lady」など聴きどころ多数。1960年前後の、まだどの方向にこれからトレンドが向かうのか不明なジャズ界の状況をよく記録したアルバムだと思う。

Atlantic

The Shape of Jazz to Come

オーネット・コールマン

アウトサイダーが切り拓いた1960年代のサウンド

　オーネット・コールマンは1930年にテキサス州北部のフォートワース生まれ。戦後すぐのテキサスは石油や畜産の好況期だったそうで、彼は地元で十代から演奏活動に入り、当時流行のR&Bを中心に演奏しながらビバップの洗礼を受ける。そのあと、ドサ回り的なバンドに入って南部にツアーに出かけ、ニューオリンズに半年滞在。ここで独自のドラムスを叩くエド・ブラックウェル(ds)と知り合う。

　実家に戻ったあと、演奏活動を継続するためにロスへと移住し、しかしなかなか彼の音楽のコンセプトは（ミュージシャン仲間にも）受け入れられず、アドリブ・ソロよりもむしろ「作曲家」としての才能があるんじゃないか、ということで、コンテンポラリー・レコードのレスター・ケーニッヒを紹介され、オーネットは自身のファースト・アルバム『Something Else !』およびセカンド『Tomorrow Is the Question!』を制作することになる。

　デビューまでのこの履歴の中に①テキサスと南部、つまりジャズの周縁部において彼はキャリアをスタートさせ②独自の「作曲」をすでにこの時点から完成させており③西海岸でデビューのきっかけを掴んだ、という、ジャズメン的にはずっと脇道を歩いてきた初期オーネットの姿が確認できるように思う。そして彼はこのあとも、「外からの目線」によってジャズ界を眺めることが可能だったジョン・ルイスからの推薦を受け、Atlantic（MJQの母屋。ちなみにオーナーのネスヒ＆アーメット・アーティガンはトルコ生まれ）と契約。吹き込んだアルバムが、この『The Shape of Jazz to Come』である。

演奏：Ornette Coleman (as),
Don Cherry (cornet), Charlie Haden(b),
Billy Higgins(ds).

　アルトとトランペットの2菅フロントにチャーリー・ヘイデン(b)とビリー・ヒギンズ(ds)という編成は1950sに結晶化したモダン・ジャズのサウンドと同じものであるが、しかし、このアルバムの第一曲目「Lonly Woman」から聴こえてくる音の組み立ては、これまでにジャズメンたちが取り組んできたいわゆる「スタンダード」を元手にした演奏でも、または「ブルース」をアブストラクションしたものでもなかった。この新しさにオーネット自身が自覚的になるまでにはあと数年が必要となるのだが、このサウンドでニューヨークに登場した彼らは、アウター・ワールドからやってきたミュージシャンとして大いなるPros and Cons（賛否両論）を巻き起こしたのである。1960sがはじまる。

サイドB 1960年録音

This Is Our Music
オーネット・コールマン・カルテット

　Atlantic移籍後3枚目のアルバム。オーネットによる直筆のライナー・ノーツから彼の自信のほどがうかがわれる。めずらしく（というよりも公式では唯一）スタンダード曲「Embraceable you」を演奏しており、たとえば、他のプレイヤーによる演奏と聴き比べることでオーネットらの「自分たちの音楽」の広がりを確認することが出来る。ジャケットの4人のメンバーの写真も凛々しい。ギリギリスーツは着ているが、このドレス・ダウンした感じがまさに、1960s冒頭にドンピシャのクールさだったのであった。

The Complete Historic Mocambo Session '54

V.A.

戦後日本におけるジャズの「青春時代」

　アメリカ経由の「ポップス」のほぼすべてを「ジャズ」というカテゴリーに突っ込んでいた我が国の1930〜1950年音楽シーンにおいて、ビバップからはじまる「モダン」に対応したミュージシャンたちの演奏を記録した貴重な録音が、この『モキャンボ・セッション』である。

　時は1954年7月の横浜・伊勢佐木町。秋葉原のジャンク屋などを巡りパーツを掻き集めて作ったという紙テープ録音機器を使って、まだ学生であった岩味潔が深夜から朝まで繰り広げられた日本人ジャズ・ミュージシャンたちのセッションを記録した、という、「ミントンズ・ハウス」のプライベート録音に負けずとも劣らない価値を持ったドキュメントである。

　セッションを仕切ったのがハナ肇(ds)、会計係が植木等(g)、参加者に宮沢昭(ts)、渡辺貞夫(as)、秋吉敏子(p)、ハンプトン・ホーズらがいる……というこのセッションの中で、チャーリー・クリスチャンの位置を占めるのが、天才・守安祥太郎(p)である。バド・パウエル直系の彼のプレイは、パウエルと同じくらい力強く、スウィンギーで、イントロのアルペジオなどは本家よりもさらに繊細で柔軟であるように思われる。

　油井正一はライナーで以下のように書いている。〈「日本にもこんなに激しく燃えていた時期があったのか！」あったのだ。このとおりあったのだ。すでにウェスト・コーストの白人ジャズが主導権を奪いつつあった時代なのに、これらの若人はひたすらチャーリー・

演奏：守安祥太郎(p)、ハンプトン・ホーズ(p)、
 宮沢昭(ts)、渡辺明(as)、渡辺貞夫(as)、
 五十嵐明要(as)、海老原啓一郎(as)、
 秋吉敏子(p)、鈴木寿夫(b)、滝本達郎(b)、
 清水潤(ds)、五十嵐武要(ds).

オススメ曲
♪ I Want to Be Happy
♪ On a Slowboat to China
♪ Tenderly

サイドB
♪ ウィリアム・テル序曲
♪ 炭坑節

パーカーを追求していたではないか！ 日本のモダン・ジャズは、
これら先人たちによって、正しい方向に向ってまっしぐらに燃えて
いたのである。〉
〔→P72〕

　守安祥太郎はこの翌年に自死。同年、人気コンボ、シックス・
ジョーズのリーダー渡辺晋(b)は「渡辺プロダクション」を発足さ
せ、ジャズメンたちのプロモート業をはじめる。この事務所が「ク
レイジーキャッツ」らを擁し1960sのニッポンの芸能界を席巻する
コトになるのはご存知のとおり。1950s後半は、既存の歌謡曲界と、
進駐軍キャンプ上がりのジャズメンと、そしてさらにそのジャズメ
ン内部でもあらたな角逐がはじまった、ニッポンの芸能界における
まさしく画期であった。

サイドB 1954～1956年録音

スパイク・ジョーンズ・スタイル
フランキー堺とシティ・スリッカーズ

　ドラマーとしてスタートしたフランキー堺による、舞台に実際の
車まで登場させちゃう大規模コミック・バンドの貴重な録音記録。
フランキーの役者活動が活発になったことにより1年あまりで活動
は休止するが（1954～1955年）、ジャズと芸能が分岐しないままク
ロスしている現場がここにはあり、谷啓、植木等らはここからクレ
イジーへと移ったのであった。

🏺 モダニズム芸術としての結晶化したジャズ

050 | 1963年録音

銀巴里セッション
V.A.

ライブ・ハウスのジャズ・シーンの幕開け

　「モキャンボ」からおよそ十年あまり。進駐軍キャンプ巡りからはじまり、ジャズ・コンサート・ブームを潜り抜け、TVという新興企業の勃興によって芸能界自体が大きく揺れていた1963年の6月23日、銀座のシャンソン喫茶「銀巴里」において、深夜、若手ジャズメンを中心としたセッションがおこなわれた。

　銀巴里は日本におけるシャンソンのメッカであったが、この当時、定期的に「フライデイ・ジャズ・コーナー」というジャズ演奏の現場を設けており、このセッションはその流れの中で、高柳昌行(g)と金井英人(b)を中心とする「新世紀音楽研究所」が主催したものである。録音者は「ドクター・ジャズ」こと、岡崎市で医院を営む内田修氏（2016年に逝去。氏が残した貴重な記録は現在「内田修ジャズコレクション」として保存整理作業が続けられている）。

　アルバム1曲目「Greensleves」は高柳昌行のギターをリードに、金井英人と稲葉国光のツイン・ベースというめずらしいアンサンブル。そしてドラムスは若干24歳の富樫雅彦である。このスコットランド民謡はコルトレーンによって取り上げられたあと、モード技法によるアドリブの素材としてこの時期研究されるようになっていた素材のひとつ。空間から切り出すように綴られる高柳のギター・フレーズ、そしてそこに並走する富樫の細かいスネア・ワークの交差が美しい。

　2曲目は菊地雅章(p)、金井、富樫のトリオによる「Nardis」。マイルス（というかビル・エヴァンス）の曲で、当時のエヴァンスの

演奏：高柳昌行(g)、金井英人(b)、稲葉国光(b)、
富樫雅彦(ds)、菊地雅章(p)、宇山恭平(g)、
金井英人(b)、中牟礼貞則(g)、日野皓正(tp)、
山崎弘(ds)、山下洋輔(p).

イディオムの浸透具合が感じられる演奏である。蛇足だが「プーさん」こと菊地雅章の唸り声はこの時点からかなり大きかったんだなーということが確認できる。

　3曲目は中牟礼貞則(g)、日野皓正(tp)、稲葉、山崎弘(ds)による「If I Were A Bell」。これもマイルスが取り上げて有名になった曲である。中牟礼、山崎、日野は現在でも現役で活躍中！

　現役といえば4曲目の主役は山下洋輔(p)。宇山恭平(g)、金井、富樫とともに金井のオリジナル「Obstraction」を演奏する。芸能の表舞台ではなく、小さなライブ・ハウスを舞台に表現をおこなうジャズ・ミュージシャンたちのはじまりがここにはある。

サイドB　1961年録音

祭りの幻想
白木秀雄

　1950s後半から1960sにかけての最大のモダン・ジャズ・ヒーローは白木秀雄(ds)である。彼はナベプロに所属しながら、メジャー・シーンにおけるニッポンの正統派「ジャズ」の看板を背負い続けた。1961年のこの作品は冒頭に琴の独奏をフィーチャーした、しかしムードやエキゾではなく見事にメイン・ストリームのモーダル・ジャズを奏でることに成功したアルバムである。白木のフィンガー・タップによるドラム・ソロも見事な、しかし、このような絶妙なバランスによる作品は以後、日本の音楽からはゆっくりと影を潜めてゆくことになってしまうだろう。

🎵 モダニズム芸術としての結晶化したジャズ

創造の現在形
としてのジャズ

　1960sがはじまる一拍前の1959年の8月の夜、うだるように暑いニューヨークはバードランド前で、ファンの女性のためにタクシーをつかまえたマイルス・デイビスは、巡邏中の白人警官に難癖を付けられ、口論のち警棒で殴打され五四分署に連行、翌朝まで拘留される。大ヒット作『Kind of Blue』リリース直後の事件である。マイルスほどの大ネームが、しかも自分が出演しているクラブの前において暴行を受け、「公務執行妨害」容疑で逮捕されるというのがこの時期のアメリカの現状であった。

　1950s半ばから展開されてゆくアフリカ系アメリカ人公民権運動の詳細を語っている余裕はここにはない。が、WWⅡ後の世界秩序における「西側諸国の警官」役を引き受けることによってアメリカは、「外国」と触れ合うことを通してようやっとこの時期、いわば逆説的に、自国内にいまだ厳然と存在している人種差別・階級的分断・倫理的矛盾に目を向けるようになったのである。

　第1章において蓄積され、第2章において抽象化されたアメリカのポップス＝「ジャズ」は、このあたりで再び、「自分たちの音楽とは何か？というか、自分たちとはそもそも何者なのか？」という問いに直面することになる。周囲には「大戦間的状況」を抜きにしてそのキャリアをスタートさせたモータウンやスタックス、また、英国からもっぱら「黒人音楽」だけをポップスとして捉えなおしたビート・グループたちのサウンドが溢れはじめており、1960sのユースたちは、「スタンダード」に込められた知性とセンスをすで

に過去のものと見なして、「ジャズ」よりももっとはっきりと「現在の矛盾」を体現するような音楽を求めるようになっていたのであった。

　この時代にあって「ジャズ」が向かったのは、ひとつは、スウィングによってなし崩し的にトリートメントされてしまった「民族性」＝ルーツ・ミュージックの探索とその現代的な再構築である。このラインは「アフロ・アメリカンはアメリカ国内における「第三世界」民族である」というテーゼによって強化され、さまざまな「外国」的意匠がこの時期、「モード」という技法をバネにジャズの内側に導入された。南米、インド、アラブ、アフリカ音楽を丸ごと取り込もうとした（ほぼ錯乱的と言っていい。最終的には宇宙へと向かう）コルトレーン晩年の演奏はその極端な例であるだろう。

　もうひとつは、これもコルトレーンによって代表されるのだが、音楽の要点を「自身が演奏すること／演奏している状態」だけに集中化することによって、いまおこなわれている演奏＝創作活動を過去から断ち切り、現在という時間をそのまま芸術化しようとする方向である。コルトレーンは、そもそもはミュージカルの小唄であった「My Favorite Things」を一時間以上にわたって演奏し続け、その途上で彼らの演奏は元テクストからまったく離脱し、「いま」がそのまま創造行為と直結するような瞬間の連続が訪れる。

　これは美術におけるイベントやハプニングス、絵画におけるミニマリズム、イヴォンヌ・レイナーらのダンス作品など、同時代の芸術シーンともリンクした実験／実践であって、コルトレーンの①自身のルーツを発掘あるいは仮構しながら②過去から切断された、現在しかない創造的経験を生み出そうとする試み、は、その矛盾の大きさによって世界中のジャズ・プレイヤーたちを、「アメリカ音楽としてのジャズ」ではない、まったくの個人に基づいた演奏をおこなう道すじへと誘い込んだのであった。

　この章の冒頭の5枚は、そんな時代に突入する直前の、「ライブ」がそのまま作品になるという発見の歓びに充たされたアルバムを選んだ。次の五枚で提示されるのは「ポップス」をテクストとしない演奏のはじまりであり、その試みはlate1960sに入ると「集団的制作」というスタイルによってさらに加速され、そのまま広く世界へと拡散してゆくことになる。最後の5枚はわがニッポンにおけるその受容の成果である。このあたりが「20世紀芸術としてのジャズ」の一番極端な部分なので、まあ、ビックリしたり戸惑ったりしながら、繰り返しその内容を確認してみて欲しい。

Blue Note

A Night at the Village Vangurd Vol.1／Vol.2

ソニー・ロリンズ

「いまここの創造」に立ち合う＝録音芸術としてのジャズ

　ソニー・ロリンズは20代から何度か、当時は「謎」とされていた失踪というか雲隠れ的な引退を繰り返しており、その最初が前述した1954～1955年期になるわけだけれど、その後シーンに復帰した彼の創造力の最大値が記録されているアルバムのひとつがコチラ。

　グリニッヂ・ヴィレッジ地区に（確か現在でも）拠を構える「ヴィレッジ・ヴァンガード」におけるトリオでのライブを、MCも含めてガッチリとアルバム化した2枚である。

　昼・夜の2セットで伴奏者が異なり、メインとなるのはベースがウィルバー・ウェア、ドラムスがエルヴィン・ジョーンズの夜の部での演奏である。ピアノレス編成ということで、コードの支えなしに繰り広げられるロリンズのテナーはまさしく自由奔放。バラード「I Can't Get Started」では、原メロディをキープしながら楽曲を解体→再構成してゆくロリンズ的アドリブの精髄を聴くことが出来る。「Sonftly 'As In A Morning Sunrise」や「All The Things You Are」といったスタンダード曲におけるプレイは個性的すぎて（フレーズをコピーして自分の演奏に使おうとか、そういう）参考にはほとんどならないほどである。

　ドラムスとベースのソロ・パートもたっぷりと、ライブでの演奏が剥き出しのかたちで収められており、LPというメディアによってはじめて可能となったこのドキュメント性がここから先の「モダン・ジャズ」の（芸術としての、商品としての）最大の魅力となってゆく。アレンジその他によって口当たり滑らかに整えられたりし

演奏：Sonny Rollins(ts), Donald Bailey(b),
Wilbur Ware(b), Elvin Jones(ds),
Pete La Roca(ds).

オススメ曲
♪ A Night in Tunisia
♪ I Can't Get Started
♪ All the Things You Are

♪ Way Out West

　ていない、「いまここ」で創造がおこなわれている現場に（録音物を介して、想像力を駆使しながら）立ち会うことが、ここから「ジャズを聴く」という行為の中心に置かれることになるのであった。

　しかし、このような「いまここにおける創造」を最大限に高めてゆくためには、実は、もはや「スタンダード」という原テクストは必要ないのではないか……こうした疑問から、ロリンズは1960sに入る時期に再びライブの現場から遠ざかり、ウィリアムズバーグ橋の上で一人自身のプレイを問い直す作業に入ることになる。

　ロリンズと彼のスタンダード演奏の不在の中で、モダン・ジャズの1960sはスタートしたのであった。

サイドB 1957年録音

Way Out West
ソニー・ロリンズ

> 　絶好調ロリンズによるもうひとつのトリオ録音。生粋のニューヨーカーである彼がカウボーイの真似をしているジャケ写も楽しい、西海岸のミュージシャンたちとのリラックスしたセッションである。

BILL EVANS
THE COMPLETE LIVE AT
THE VILLAGE VANGUARD 1961

Riverside

The Complete Live at the Village Vanguard

ビル・エヴァンス

「ピアノ・トリオ」をひとつ高次元にあげたセッション

1950sの後半、ロリンズとはまた異なったスタイルで「スタンダード」という鉱脈を活性化させることに成功したビル・エヴァンス。以後の「ピアノ・トリオ」のイメージをほぼ決定するほどに画期的だったスコット・ラファロ(b)、ポール・モチアン(ds)とのコンビネーションが形作られたのは1959年、クラリネット奏者のトニー・スコットとのレコーディング・セッションがきっかけであった。

その年末彼らはスタジオに入り、翌年『Portrait In Jazz』としてまとめられるトリオ初のアルバムを制作する。「全員が対等にリズムとメロディを担当する」ことが可能であったこの三者によるコレクティヴ・インプロヴィゼーションは、冒頭の「Come Rain or Come Shine」から「Autumn Leaves」へとつながる流れで見事にその魅力が示されている。「Autumn Leaves」の最初のソロは、リーダーのエヴァンスではなくラファロがおこなうのである。

彼らの次のスタジオ録音『Explorations』(1961)はむしろ従来的な4ビート・スウィングの魅力をメインに楽しむアルバムだろう。しかし「Sweet and Lovely」などでの三者のやりとりには、このトリオの関係性がもう一段高度な状態に達していたことがうかがわれる。

そして、このライブ・レコーディングである。舞台はロリンズと同じくヴィレッジ・ヴァンガード。1961年6月25日、リヴァーサイド社は昼夜おこなわれた彼らのギグを録音し、その記録から『Sunday at the Village Vangurad』(1961)、『Waltz for Debby』(1962)という2枚のライブ・アルバムが作られた。

演奏：Bill Evans(p), Scott La Faro(b),
Paul Motian(ds).

オススメ曲
♪ Gloria's Step
♪ My Foolish Heart
♪ My Man's Gone Now

サイドB
♪ Comrade Conrad
♪ Five
♪ We Will Meet Again

　まさしく傑作というべきこの2枚がリリースされた時、しかし、トリオはすでに存在していなかった。スコット・ラファロがこのライブのわずか11日後に交通事故で逝去してしまったのである。享年25歳。奇しくもクリフォード・ブラウンと同年齢での死であった。

　2枚のアルバムの元となった全5セットのギグの、それまで未発表だったものも含めて収録したのがこのBOXだ。オーラス、深夜まで残っていた客は（拍手の音から判断すれば）わずか10人前後であっただろうか。

　このように、なにげなく、さりげなく終わったこのトリオのサウンドは、しかし、ここから半世紀以上が過ぎた現在でも、ターンテーブルの上でプレイされるたびに、ぼくたちの生を何度でも活気づけてくれ続けている。

サイドB　1979年録音

Warner

We Will Meet Again
ビル・エヴァンス

　エヴァンスも1980年、51歳の若さで、肝硬変その他の合併症で死去した。死の直前までライブし続けた彼の最後のスタジオ・アルバムは、トム・ハレル(tp)、ラリー・シュナイダー(ts,ss,afl)、マーク・ジョンソン(b)、ジョー・ラバーバラ(ds)という新鋭たちとガッチリ噛み合った、オリジナル曲をメインにした意欲作である。ファースト・アルバム収録の「Five」も再演されている。ぜひ一聴のほどを。

🎵 創造の現在形としてのジャズ

Prestige

Eric Dolphy at the Five Spot Vol.1／Vol.2

エリック・ドルフィー

エリック・ドルフィーの鬼気迫るソロ

スコット・ラファロが事故死した1961年7月、エリック・ドルフィーは自身のグループを率いて、ヴィレッジ・ヴァンガードと並ぶニューヨークのライブの牙城「ファイヴ・スポット」に出演していた。

ドルフィーが残したライブ・レコーディングは数多いが、この時期に結成していたブッカー・リトル(tp)との双頭コンボによるこのファイヴ・スポットでの録音はどれも最上級の内容である（いろいろなアルバムに分散発表されてる。この2枚には5曲が収録。いまはコンプリート盤があるみたいですがぼくは未聴）。

演奏前のザワつきからピアノのイントロに導かれて出る「Fire Waltz」のドルフィーのソロは、まさしくライブがはじまる瞬間の勢いとためらいを交差させながら、このステージの方向性を見極めようとするきわめて複雑なものだ。このような現在進行形の「思考」を聴覚で（再）体験することがモダン・ジャズの魅力のひとつである。

続いて登場するリトルのソロは実に快調。マイルスともブラウニーとも異なった燻んだ音色はバッキングするマル・ウォルドロンとの息もピッタリで、しかし、なんということか、彼もまたこの年にわずか23歳で死去するのである。尿毒症だったと記録されているが、とにかくこの時期のジャズメンは、自分自身を削って燃焼させながら演奏していたとしか思えない、残された録音を聴くこちらが唖然としてしまうような死にっぷりである。ともかく、たとえば

演奏：Eric Dolphy(as,bcl,fl), Booker Little(tp),
Mal Waldron(p), Richard Davis(b),
Ed Blackwell(ds).

オススメ曲
♪ Fire Waltz
♪ The Prophet

サイドB
♪ Epistorophy
♪ You Don't Know What Love Is

Vol.2の「Aggression」におけるドルフィーのバスクラリネットと
リトルのアンサンブルなど実に新鮮で、このままいったら当然この
当時を代表するグループになっていただろうと思うと無念……。

　そしてドルフィーもこのわずか3年後に糖尿病その他で、ヨー
ロッパ・ツアー中に帰らぬ人になってしまう。享年36歳であった。
この短い時期に彼はローチ、オーネット、コルトレーン、ミンガス
らのサイドメンをそれぞれ勤め、どのグループでも印象深い演奏を
残している。真の個性派たちの火花を散らす激突を収めた記録が、
たとえばミンガスのベースと彼のバス・クラリネットとの絡みは（最
近では）映像でもじっくり見ることが出来るので、確認してみてほ
しい。

サイドB 1964年録音

Last Date
エリック・ドルフィー

　　ドルフィー最後の、コペンハーゲンにおけるスタジオ・ライブ録
音。バス・クラによるモンクの「Epistrophy」、植草甚一がジャズ喫
茶で聞いて、思わず立ち上がって「これはすごい！」と叫んだとい
う「You Don't Know What Love Is」のフルート・ソロなどは必聴。有
名なドルフィーによる「音楽は演奏されると消え去ってしまい……」
というモノローグはこの盤のラストに収録されている。

The Complete 1961
Village Vanguard Recordings

ジョン・コルトレーン

コルトレーンによる架空の「民族音楽／宗教音楽」

メジャー傘下の新興ジャズ・レーベルImpulse!は、「The New Wave in Jazz」をうたうレーベルの看板ミュージシャンとしてAtlantic Recordからジョン・コルトレーンを1961年春に獲得。大規模編成による意欲作『Africa ／ Brass』（この「／」、スゴくカッコよくないですか？）制作ののち、現在では「クラシック・カルテット」と呼ばれるマッコイ・タイナー(p)、エルヴィン・ジョーンズ(ds)、そしてレジー・ワークマンあるいはジミー・ギャリソン(b)の4者をコアにした活動に入る。

おそらくBGM使用率No.1の『Ballad』や名盤認定率No.1の『至上の愛』もこのメンツで吹き込まれているわけだけど、そのスタート地点には、エリック・ドルフィーのバスクラや中東ドローン・サウンドなどを加え、「India」や「Greensleeves」といった「非米」的な楽曲に取り組んだこのライブが置かれている。

前述したビル・エヴァンスの録音の半年後のライブで、これまで分散的に発表されてきた録音を4枚に集積したのがこのBOXであって、まあ、廉価で見つけたらバラで買っても全然OKである。とりあえず聴いてみることが大切（ただし「AGAIN」が付いているものは別年別メンバーの録音。こちらも素晴らしいが演奏はまったく別コンセプトなので注意！）。

前年から使いはじめたソプラノ・サックスのサウンドが、「モード」のコンセプトとともに、この時点ですでに「アメリカの外」へと向けて鳴らされていることが分かる。細やかな和声進行の綾に

演奏：John Coltrane(ss,ts),
Eric Dolphy(as,bcl,fl), McCoy Tyner(p),
Jimmy Garrison(b), Reggie Workman(b),
Elvin Jones(ds), Roy Haynes(ds).

オススメ曲
♪ Chasin' the Trane
♪ India

サイドB
♪ My Favorite Things

よって織りなされるブロードウェイ歌曲の粋をブッチぎって、コル
トレーンは滞空時間の長い長いソロで架空の「民族音楽／宗教音楽」
を創造しようと試みているのである。

　アメリカ黒人発のあらたな世界観の提示、ということでいえば、
これは完全にブラック・ムスリム運動と並行する芸能であった。し
かし、トレーンが基盤としたモダンな表現形態に直接そのまま世界
の民族音楽を接続することはむつかしく、具体的にいえばアフリカ
的音楽と中東のそれとは基盤とするリズムの組み立てが異なってお
り、この混沌から1960s後期のトレーン・ミュージックが生まれて
くることになる。

サイドB 1963年／1965年録音

Selflessness
ジョン・コルトレーン

> 数ある「My Favorite Things」吹奏の中でも、この盤に収められ
> たヴァージョンはドラムスにロイ・ヘインズが座った異色かつ最高
> にドライヴししかも均整が取れているという奇跡的な出来映え。ラ
> スト・テーマが終わって拍手が波のように高まり、メンバー・アナ
> ウンスが聴こえて演奏が終わるまで一点の曇りもない名演奏である。
> バラード「I Want to Talk About You」の余裕、大人数によるスタジ
> オ祝祭曲「Selflessness（自我滅却）」のフィクション性にも注目！

CBS / Sony

Complete Live at Plugged Nickel 1965

マイルス・デイビス

若手とバチバチの、マイルスの「セカンド・クインテット」

　ロリンズ、エヴァンス、コルトレーンのそれぞれをかつてサイドマンとして雇っていた（ドルフィーは一度メンバーに推薦されたが「奴の演奏がちゃんとしているのは分かっていたが、そのプレイ・スタイルが気に入らなかった」として却下）マイルス・デイビス。
　1960s初頭は割合のんびりと（恋女房フランシスと新婚だったこともあって？）活動していた彼だが、1963年にハービー・ハンコック(p)、ロン・カーター(b)、トニー・ウィリアムス(ds)をグループに迎え、さらに1964年秋にジャズ・メッセンジャーズからウェイン・ショーターを引き抜くことに成功し、ここに「セカンド・クインテット」と呼ばれる陣容が完成する。
　1950sのクインテットに勝るとも劣らないというか、コレもやはり後のシーンの中心となるミュージシャンばかりのものすごいメンツで、特に以前のグループでは見られなかった特徴としては、彼ら若手の作曲能力の高さがある。『E.S.P』『Miles Smiles』『Socerer』『Nefertiti』と1965〜1967年に連打されるスタジオ・アルバムの中心に置かれているのはショーターやハンコックの楽曲であり、マイルスは音楽監督＆トランペッターとして適切なディレクションをおこなうことで新鋭たちの能力を存分に引き出したのであった。
　ところで、しかし、ライブではマイルスはこれらのアルバムに収録したあたらしいオリジナル曲をほとんど取り上げず、「Stella by Starlight」その他の昔のレパートリーでステージを構成することがほとんどだった。メンバーはこれには不満で、1965年クリスマスに

〔↪P86〕

演奏：Miles Davis(tp), Wayne Shorter(ts),
Herbie Hancock(p), Ron Carter(b),
Tony Williams(ds).

オススメ曲
♪ If I Were a Bell
♪ All of You
♪ Walkin'

サイドB
♪ Nefertiti
♪ Fall
♪ Riot

おこなわれたシカゴ・プラグドニッケルでのライブでは、実験した
がり急先鋒トニーが「アンチ・ミュージックを演奏しようぜ」とメン
バーを焚きつけ、スタンダード曲に解体に継ぐ解体を加えて、も
はやマイルスが吹くテーマ以外に原曲を示す印がないほどの演奏を
繰り広げることになる。

　このことについては以前『Miles:Reimagined　2010年代のマイル
ス・デイヴィス・ガイド』（シンコーミュージック）というムック
に書いたので興味がある方は参照してみてほしいが、ブロードウェ
イの小唄をブラックに抽象化する試みからスタートしたモダン・
ジャズの知性は、若い世代にはすでに反逆すべき規範と感じられる
存在となっていたのである。

　時代はR&Bからソウル&モータウンへと移り、流行歌はロックの
時代に入っている。

サイドB 1967年録音

CBS / Sony

Nefertiti
マイルス・デイビス

　そのクインテットによる最後のスタジオ・アルバムがこちら。
1967年7月、つまり、ザ・ビートルズが世界中継で「愛こそすべ
て」を唄い、ニューアークとデトロイトで暴動が起こり、そして、
ジョン・コルトレーンが急逝したその時、マイルスらは最高の構築
美に充たされたこの人工庭園的アルバムを制作していたのであった。

Jazz Abstractions

ジョン・ルイス

ジャズ＋クラシック音楽の「サード・ストリーム」とは

　のちにニューイングランド音楽院の学長となるガンサー・シュラーとタッグを組んで、MJQのジョン・ルイスはいわゆる「サード・ストリーム」というジャズ＋クラシック音楽のムーヴメントをこの時期推進していた。1961年リリースのこのアルバムはおそらくその最大の（唯一の？）成果である。

　楽曲は①シュラーが書いたセリエリズムによる弦楽四重奏モチーフの上でオーネット・コールマンがソロをおこなう「Abstraction」②ジム・ホールの楽曲を使ってストリングスの響きだけで構成した「Piece for Guitar & Strings」③ジョン・ルイスの「Django」を使った変奏曲④セロニアス・モンクの「Criss-Cross」を使った変奏曲……と、それぞれ意匠を凝らしたナカナカに複雑な響きが揃っている。

　特に聞き応えがあるのが、「記譜パートを4回リハで演奏してもらって楽想を把握し、その後一発でアドリブ・ソロを加えて仕上げた」オーネットをフィーチャーした①と、スコット・ラファロとジム・ホールのソロにストリングス・カルテットのピチカートが雨あられと被せられる③の後半、そしてオーネット、ドルフィー、エディ・コスタ(vib)四者が同時にソロを取る④のラスト部分だろうか。

　ここで取り組まれた「演奏者が複数人で同時にソロを取る」というスタイルを全面展開させた作品こそ、オーネットとドルフィーによる次項の『Free Jazz』に他ならない。シュラーの配置した「現代音楽」的なセッティングをバネにして、オーネットはジャズの古

演奏：John Lewis(p), Eric Dolphy(as,fl,bcl), Ornette Coleman(as), Robert Di Domenica(fl), Eddie Costa(vib), Bill Evans(p), Jim Hall(g), Scott La Faro(b), Alvin Brehm(b), George Duvivier(b), Sticks Evans(ds).

オススメ曲
♪ Abstraction
♪ Variants on a Theme of Thelonious Monk

層に広がる「ニューオリンズ」＝コンゴ広場における祝祭的な、多焦点的なリズム構造を備えたアドリブ音楽を再発見したのであった。

　他にモンク楽曲をいかにもモンク然としたコードでバッキングするビル・エヴァンスという珍品も④では聴くことが出来る。さまざまな潮の流れがぶつかり合って渦を巻いているかのような、来るべき1960sを予言し、そして消えてしまったレアなサウンドがここにはある。CD化に当たってジョン・ルイス楽曲のブラス・オーケストラ作品『Golden Striker』とカップリングされて発売された。こちらも珍品。

サイドB　1963年録音

Orchestra U.S.A
ジョン・ルイス

　ジョン・ルイス＆ガンサー・シュラーが打った次の一手がこちらの「オーケストラUSA」の組織である。規模は二つの弦楽四重奏＋オーボエ入りの木管7重奏＋金管7重奏にまで拡大。ルイス曲を中心にもはや完全にコンサート・ホール向きにチューニングされたサウンドで「ジャズ」が演奏される。最後に置かれた「星条旗よ永遠なれ」がオリジナル・アレンジのままで演奏されているのが逆に不気味だ。ジミヘンによってこの曲が燃やされるまであと6年。

Free Jazz

オーネット・コールマン

意外に気ままにやってるわけじゃない「フリー・ジャズ」

　さて、上述の『Jazz Abstractions』セッションを終えたオ　ネット・コールマンはその翌日、エリック・ドルフィーおよびスコット・ラファロとともにあらためてAtlanticレコードのスタジオに入る。エンジニアは（数多くのソウル・ミュージックを録音した）天才トム・ダウド。この日のメンツはオーネットとドン・チェリー(pocket-tp)、ラファロ、ビリー・ヒギンズ(ds)。そしてドルフィー（このセッションではbclオンリー）、フレディ・ハバード(tp)、チャーリー・ヘイデン(b)、エド・ブラックウェル(ds)の8人である。この8人が二つのカルテットに別れて、オーネット組が左チャンネル、ドルフィー組が右チャンネルから聴こえてくるように演奏場所とマイクを設置して、せーの、ドンで録音を開始。こうして37分3秒にわたる「オーネット・コールマン・ダブル・カルテット」による「コレクティヴ・インプロヴィゼーション」作品＝『Free Jazz』が制作されたのであった。

　冒頭、急速長で鳴らされる8人ひとかたまりの音のマッシヴさにヤラれて（実際この迫力は歴史的な凄さである。ぜひご一聴あれ）冷静な聴き取り作業を完全に放棄し、ただただ平伏するか、または、頭から聴く耳をもたないかのアレルギー反応をリスナーに引き起こさせることも多かったアルバムだが（LP時代はA面終わってひっくり返してもそのまま同じ、というサウンドに呆れて、ジャズ喫茶でこれがかかると退出する人も多かったそうだ）、現在の耳で（リハーサル・テイクも含めて）分析してみると、テーマ部分はBPM=165前

演奏：Ornette Coleman(as), Eric Dolphy(bcl),
Donald Cherry(pocket-tp), Freddie
Hubbard(tp),
Scott La Faro(b), Charlie Haden(b),
Billy Higgins(ds), Ed Blackwell(ds).

オススメ曲
♪ Free Jazz

サイドB
♪ W.R.U
♪ C.&D.

後できちんと16Barで書かれたもの、ソロのオーダー＆セカンド・テーマその他も整然と進められており、緊張／解決という構造を和声進行に依存していない、というだけで、参加したプレイヤーたちは十分に互いの演奏を理解し合い、ひとつの音楽を創造するための作業を共同でおこなっていることが理解出来るのである。

　このアルバムの分析はのちほど別の本で（この1曲だけに集中して！）詳細におこなう予定なので期待して欲しい。ともかく、ここで提出された「Free」という指標（オーネットはコピーライターとして優秀）が、1960sの合言葉とひとつとなるのである。

　ドルフィーは同日に（なんと）もう1枚、自身のリーダー・アルバム『Far Cry』を録音している。忙しい〜。そしてこれも名盤！

サイドB　1961年録音

Atlantic

Ornette!
オーネット・コールマン

　『Free Jazz』によってジャズ界を席巻したオーネットだが、1962年に自費で「タウンホール」をレンタルしてリサイタルをおこなったのち、演奏の現場からはしばらく遠ざかることになる。これも当時は「謎の雲隠れ」と噂されたものだが、実際は「ジャズ・クラブの構造的な不況問題」と「自身の音楽に対するコンセプトのまとめ直し」が重なった結果の引きこもり／研究期間であったようだ。このアルバムはその直前に発表された、オーネットの作曲家としての個性がはっきりと刻まれた一枚。

Complete Live
at Cafe Montmartre

セシル・テイラー

現代美術とジャズをつなぐことができた唯一のピアニスト

　セシル・テイラーはNY州南東部のロング・アイランド市に生まれた。NYからほぼ近いこの島／半島にはジャクソン・ポロックのアトリエなどもあった模様だが、セシルは「ジャズ」という音楽をもっとも早く、自覚的に、抽象絵画運動に代表されるアメリカの「現代美術」に接続して考えることが出来たピアニストであった。

　高校を出た彼はニューイングランド音楽院に進み、ヨーロッパ音楽の体系、1920年代からはじまった「アメリカ黒人的」な音楽の伝統、そしてさらにそれ以前に遡るフォークロア的なサウンドおよび文化を研究する。重要なことは、そのような勉強を、彼がこれから自身が生きてゆく世界と確実に接触するために選択して習得した、ということであり、また、その知識を自分の演奏を確立させるためにもっぱら傾けた、ということである。

　彼の最初のアルバム『Jazz Advance』(1956)はモンクの「Bemsha Swing」やエリントンの「Azure」、スタンダードの「You'd Be So Nice to Come Home To」が取り上げられており、彼も56年世代の他のジャズメンと同じように、まず先人たちの知恵を身に付けるところから自分の音楽をはじめたことが理解出来るが、その演奏は1曲目ですでにビバップ的なコード分解の手法から離れ、AABA的な（いわゆる「サビ」があるような）ストーリーテリングに従わない、瞬間瞬間のエナジーの爆発を優先させる構造へと組織されている。しかし、このような「構造」は、コマーシャルな現場も多かった1950s後半のジャズ界では理解されることがまだ少なく、しばらくのあい

演奏：Cecil Taylor(p), Jimmy Lyons(as),
Sunny Murray(ds).

だ彼は自分が実現するべき演奏を人前でプレイする機会に恵まれな
いままであった。

　セシルは『ジャズ・イズ』（白水社）の中で、最高の芸術家だけ
がおこなうことの出来る「他人にありとあらゆる時間の感覚を忘れ
させてしまうこと」について語っている。彼の音楽もまさしくその
一点に向けて「作曲」され「演奏」され「構造化」され、そして
その最初の完璧な成果が、いったんアメリカから離れ、デンマーク
で録音されたこのライブの記録である。「アーティストの役目は、
まず自分自身とのコミュニケーションを確立することだ」ともセシ
ルは語っていた。自分がやりたいことをやりたいようにやる。その
ための努力は惜しまない──その結果のひとつがこの音楽である。

サイドB　1988年録音

Cecil Taylor in Berlin '88
セシル・テイラー

　　そんな不屈の個性派セシル・テイラーがベルリンに招かれ、下の
世代の「即興演奏家」たちと約1月にわたるコンサートをおこなっ
た。その記録が11枚組のCDBOXセットで発売され、ぼくは中古で
バラで見かけると（90sにはよく出ていた）買うことにしていて、そ
の中ではハン・ベニンクとのDUO作品「Spots, Circles and Fantasy」が
衝撃的なくらいに面白かった……のを覚えているのだが、棚をひっ
くり返してもどこにも見当たらない……誰かに貸したママになって
いる気がするので、心あたりある人は返してください！

Point of Departure

アンドリュー・ヒル

改めていま聴かれるべきピアニスト

アンドリュー・ヒルは1931年にシカゴで生まれた。というわけで彼はセシル・テイラーと同世代のピアニストであり、しかしセシルと違って彼はR&Bその他の現場で実地で同時代の音楽の修練を積み、ようやっと1960sのこの時期から自作の楽曲だけを演奏する独立独歩の活動に入っていった。

そろそろ時代は1950sのサウンドが端的に「古い」と思われるような潮流になりつつあった1964年（ビートルズのアメリカ・デビュー年である）、メランコリックかつアブストラクト、そしてソロと作曲の関係性が良くまとまっているヒルの楽曲は、モダン・ジャズのサウンドを牽引してきたBlue Noteレーベルのアルフレッド・ライオンの耳を射止め、ヒルはこの年と翌年に、『Black Fire』『Judgement!』『Point of Departure』と立て続けに3枚のアルバムをリリースすることになる。

どのアルバムも不思議に開放的な響きがする好盤であって、なかでもこの『Point Of Departure』はケニー・ドーハム(tp)、ジョン・ヘンダーソン(ts)、そしてエリック・ドルフィーの3人をフロントに立てた意欲作。リズム隊はリチャード・デイビス(b)とトニー・ウィリアムス(ds)で、この編成は同じくBlue Noteでこの1カ月前に制作されたドルフィーの名盤『Out to Lunch!』でも採用されているので、この2枚のアルバムを聴き比べてみるのも興味深いだろう。

Blue Note特有の「近い」録音によるドラムスとベースとピアノが全編を支配しており、特にトニーのシンバル・レガートの速さに

演奏：Andrew Hill(p), Eric Dolphy(as,fl,bcl), Joe Henderson(ts), Kenny Dorham(tp), Richard Davis(b), Tony Williams(ds).

オススメ曲
♪ Refuge
♪ Flight 19

サイドB
♪ Extras
♪ Echo

は他のどんな音楽／録音でも味わうことの出来ない独特の感触がある。波のように押し寄せては砕ける三者のリズムの交接がこのアルバムの最大の聴きどころである。

　他にもう一枚ヒルのアルバムを挙げるならば『Neferititi』(East Wind)を推薦したい。ショーターの曲とはもちろん別の、盟友リチャード・デイビス(b)の弓引きによるテーマが美しい表題曲の他に、7分間かけてじっくりと煮詰められるイントロからトリオが走り出す「Blue Black」など素晴らしい。もっと聴かれるべきピアニストの一人だ。

サイドB 1965年録音

Blue Note

Spring
アンソニー・ウィリアムス

　1960s を快走したトニー・ウィリアムスのドラムスをたっぷりと、もうほぼスッピンの生々しさで体験出来るアルバムがこちら。フロントはウェイン・ショーターとサム・リヴァースのテナー・サックス2本という、アンサンブル成立無視の乱暴なセッション（もちろんトニーの希望だろう）で、結果、当時の両者の最大限に過激なソロが聴ける作品となっている。フリーの時代に対するマイルス陣営側からの回答のひとつがこのサウンドである。

Meditations

ジョン・コルトレーン

コルトレーン流「フリー・ジャズ」の洗練

　Impulse!時代のコルトレーンは、世界中を駆け巡ってライブを続けながら、エリントンとの共演盤(1962)、ジョニー・ハートマンとの歌モノ企画(1963)、いわずと知れた『至上の愛』(1964)、アヴァンギャルド系の若手を大量に起用した全1曲の問題作『Ascension』(1965)など硬軟多岐にわたるスタジオ作品を仕上げ、そのどれもが「ジャズ」という音楽の境界を広げる、またはその核心を抉る作品であって、彼は当時のシーンの中心的ミュージシャンであった。

　特に前述した「クラシック・カルテット」は、都市型ポリリズムを結晶させた抽象美のモデルとしてきわめて高い汎用性があり、しかしまたその完成度の高さは後続する若手の頸木ともなるものであって、「どうやったらコルトレーンを引き継げるか／超えられるか？」という問題が（特にサックス奏者にとって）この時期のジャズ界の課題ともなっていた。その解答のひとつが「とりあえず全員で集まってビャーッとやってみる」という力技（『Ascension』）であったわけだが、いささか船頭多くして山登るに近いこのセッション（演奏者数最大同時に11名）の混沌を整理し、カルテット＋セカンド・テナーに新鋭ファラオ・サンダース(ts)、セカンド・ドラムスにラシッド・アリ(ds)を加えた6名で吹き込んだのが本作だ。

　2人のドラムスは冒頭から叩きっぱなしで、これはどのビートが基礎単位となっているのかを判断させない、いわば全員が「シーツ・オブ・サウンド」状態を作り出すための工夫であって、ここに楽音から大きくハミ出したファラオとコルトレーンのサックス・サ

演奏：John Coltrane(ts, per),
Pharoah Sanders(ts, tambourine, bells),
McCoy Tyner(p), Jimmy Garrison(b),
Elvin Jones(ds), Rashied Ali(ds).

オススメ曲
♪ The Father and the Son and the Holy Ghost

サイドB
♪ Leo
♪ My Favorite Things

ウンドが乗るのである。この状態の中にあってカルテットでは機能していたマッコイ・タイナーのバッキングによるモード／リズムの縁取りはもはや役に立たず、また、大きな一を割ることによって複層的なグルーヴを刻むエルヴィンのフィーリングも埋もれてしまい、2人はこのセッションを最後にトレーンの元を離れることになる。

　代わりにピアノに入ったのはアリス・コルトレーン。つまり当時のヨメであって、いまだに彼女のピアノに対しては賛否両論あるが、えーと、ジョンとヨーコも含めてこの話はまた違う場所で展開してみたいところ。ともかく、楽曲タイトルはA面が「父と子と精霊／慈悲」、B面が「愛／帰結／平穏」。このあたりがトレーンが生涯最後に辿り着いたサウンドである。謹聴。

サイドB 1966年録音

Live in Japan
ジョン・コルトレーン

　ピアノにアリス、ドラムスにアリを擁したクインテットでの来日公演から切り出された、手に持ってCDなのにズシリと重い4枚組。4枚目なんてまるまる全部が「My Favorite Things」ですよ。「ライブが終わってホテルに帰ってもまだ吹いてた」「広島・長崎公演後にガラッと演奏が変わった」「植草甚一は4日間コンサートに通った」（これはホント）などさまざまな伝説に彩られた、最初にして最後の日本ツアーの記録である。コルトレーン、翌1967年7月に肝臓癌で逝去。享年40歳。これも若すぎる。

Spritual Unity

アルバート・アイラー・トリオ

ESP-Disk

冒頭3音であなたの耳をうばう、未来の「民謡」

このアルバムによるアルバート・アイラー(ts)の登場（1965年リリース）とその唐突な退場（1970年11月にイースト・リヴァーで水死体で発見。死因未確定。享年34歳）は、late1960sにおけるジャズ・シーンのひとつの象徴である。

彼のレコーディング・デビューはいきなりスウェーデンのストックホルムにおいてであり（1962年）、この段階ですでに20世紀前半のジャズ文化の範疇を振り切っているのだが、帰国後彼のライブを聴いた弁護士業者バーナード・ストールマン青年はアイラーのレコーディングを決意。折からはじまっていた若年世代による突き上げ運動──「ジャズの十月革命」などのイベントに代表される「自主企画」ムーヴメントにもブツかり、ストールマンはこの周辺に集まったミュージシャンたちを片っ端から録音して自主レーベル「ESP-Disk」を発足させる（「ESP」とは「エスペラント」の旨）。

『Spiritual Unity』のオリジナル版はわずか200枚のプレスだったという。ハワード・バーンスタインによるカヴァー・イラストも不気味かつ鮮烈で、そして何よりアイラー、ゲイリー・ピーコック(b)、サニー・マレイ(ds)のトリオによる演奏の内容は、典型的な「モダン・ジャズ」のフォーマットを踏襲しているにも関わらず、そのサウンドはそれまでに誰も聴いたことがないような、過去と現在と未来がメロディとリズムの中でフツフツと煮詰められてゆくような衝撃的なものであった。

DJだったらここで当然1曲目「Ghosts:First Variatuon」に針を落

演奏：Albert Ayler(ts), Gary Peacock(b),
Sunny Murray(ds).

オススメ曲
♪ Ghosts:First Variation
♪ The Wizard

サイドB
♪ Love Cry
♪ Omega

とすところである。みなさんも手元のギアを操作して音源にアクセスしてみてください。冒頭のわずか30秒、いや3音だけからでも伝わってくるアイラーのヴァイブレーションが、全世界的な変革期であったlate1960sに対する「ジャズ」からの態度表明である。

　原テクストを極端に単純な「民謡」的なフレーズに限定し（過去の提示）、最高度に圧力をかけ、「どのスケールも同じサウンドになるように練習した」という発音によって演奏を持続させ（創造の現在性への着陸）、その作業をそれぞれまったく異なった出自を持つトリオが同時に遂行してゆく（未来への解放）――きわめて人工的に勾配されたこの音楽の魅力は尽きない。興味を惹かれた方はこのあたりがたっぷり書かれた『50年後のアルバート・アイラー』（カンパニー社）をぜひ。

サイドB 1967～1968年録音

Love Cry
アルバート・アイラー

　ニュー・ジャズの拠点であるImpulse!移籍2枚目の本作、冒頭のアイラー自身によるヴォーカルがまずすごい、というかなんというか、聴いてみてくれ。この時代を代表するドラマー／パーカッショニスト、ミルフォード・グレイヴスのプレイを全編で好録音で聴けるのが嬉しい。ここから翻ってもう一枚、チェンバロ入りの発狂した軍楽隊『Spirit Rejoice』(ESP)を聴いてみる流れもオススメ。

The Magic of Ju-Ju

アーチー・シェップ

Impulse!

「全世界の有色人種」が共闘するための音楽

　改めて確認すると1960sは世界史的に見るならば、アフリカ大陸の17カ国が独立を達成した「アフリカの年」(1960)からはじまる。

　翌年1961年には革命キューバが「社会主義路線」を取ることを宣言。そのままあわや第三次世界大戦かと思われた「キューバ危機」へと突入し（1963年のケネディ暗殺を挟んで）1964年にアメリカはベトナムの内戦に全面的な軍事介入を開始……と、詳細はここではとても書けないが、この時期はいわゆる「第三世界」が歴史の主体としてその姿を顕在化させた時期であるのだった。

　この動きをアメリカ黒人作家として強くフォローしたのが『根拠地』（せりか書房、原著1966年）『ブルース・ピープル』（平凡社、原著1963年）を書いたリロイ・ジョーンズであり、彼はこの時期、「ブラック・ミュージック」に脈々と流れている「黒人の民族性」を顕揚することを通して「全世界の有色人種」が共闘するための道を示唆したのである。このイデオローグの影響をもっとも強く受けたミュージシャンの一人がアーチー・シェップ(ts)であった。彼のリーダー名義でのソロ・デビュー作は『ジャズの十月革命』（1964年）と同年にImpulse!レーベルに吹き込んだ『Four for Trane』であり、ここですでに彼はグロウル（喉で唸りながら発音する奏法）による嗄れたテナー・サウンドで、コルトレーンによるモード的楽曲のさらにその外側に遠く広がる「民族」的な空間を示していた。

　そのあと、畸形的なアレンジで演奏される「イパネマの娘」（最高。よく考えたらコレも「第三世界」ものではある）を含めた『Fire

演奏：Archie Shepp(ts),
Martin Banks(tp, fh),
Mike Zwerin(tp, tb), Reggie Workman(b),
Norman Connors(ds), Beaver Harris(ds),
Frank Charles(talking drum),
Dennis Charles(per),
Ed Blackwell(rhythm logs).

Music』(1965) を経て、1967 年、アフリカン・パーカッションのサウンドを全面に押し出したこの画期的な『Magic of Juju』が作られる。

　冒頭から疾走するパーカッション（×2）とトライアングルのパターンだけをバックに、元になるテクストの提示もなしに、シェップは広大なサバンナを一人行くかのような乾いた、しかし悠々たるサックス・ソロを繰り広げる。約6分半ほど経ったところでドラムスのサウンドがイン。さらに異なったリズム・フィールでベースの弓弾きが加えられ、徐々に厚く塗られてゆくリズムの色彩の中でシェップは構わず吹き続け、そのまま18分あまりを彼は吹き切ってしまうのである。超個性的なテナー奏者シェップ、一世一代の名吹奏である。現在の「クラブ」的時空間ではもはや当たり前のものとなったトライバルでトランシーでアシッドな音楽はここからはじまる。

サイドB　1972年録音

Impulse!

Attica Blues
アーチー・シェップ

　ニュー・ソウルへと接近し、ヴォーカルを大々的に配置した1972年作品。もはやサックス・ソロすらない曲が大半だが、「Steam(Part 1,2)」のストリングスなどちょっと変化球で聞きごたえがある。このあたりから先のシェップ作品は賛否両論。この話はおそらく「ジャズ」の内側では考えない方が良いものなので、またあらためて。

The Giuseppi Logan Quartet

ジュゼッピ・ローガン

1960年代後半、NYの実験ジャズのロウな記録

　ESP-Diskの最大の功績は「late1960sのニューヨークに集まった非コマーシャルで実験的なミュージシャン／サウンドを、特に商売的に成功するつもりもないまま録音した」トコロにある。オーナー・ストールマンのモットーは「アーティストが全部決める」で、彼はレコードの内容に関しては一切注文を付けなかった。というか、あまりにもいろいろなことが変化し続けている時期だったので、何らかの指針を持つことをハナっから放棄してしまっていたのだと思う。ストールマンは近所に蝟集(いしゅう)しているアーティストを、互いに互いを推薦しただろう彼らの意見に全面的に従いながら、おそらく、ほとんど文化人類学的なスタンスでもって観察・採集・記録したのである。

　そのようにして残されたサウンドの中でも、ぼくがもっとも貴重だと思うのがこの『The Giuseppi Logan Quartet』である。針を落とすと聴こえてくるのは、クレジットによると「パキスタン・オーボエ」の音であり、「タブラ」の音であり、ピアノの内部奏法であり、同じく引っ掻くようにして演奏されるベースの音である。これらが一丸となって、しかし、それがなぜか（疑似エスニック・ムードで、ではなく）ギリギリ「モダン・ジャズ」の範疇で捉えられるようなサウンドとして響いているのだ。

　楽器がアルト・サックスと通常のドラム・セットに持ち変えられてもこの感触は変わらない。民族的な音楽の特徴は、その民族を共同体として支えている音楽外の規範の存在だが、ここにある音楽は、

演奏：Giuseppi Logan(as,ts,pakistani oboe,bcl,fl), Don Pullen(p), Eddie Gómez(b), Milford Graves(ds).

オススメ曲
♩ Tabla Suite
♩ Dance Of Satan

サイドB
♩ Everywhere
♩ Yankee No-How

個人が個人として成立させる音楽以外の枠組みが備わっていないのである。これはまったく一代限りの、late1960sのニューヨークという試験管の中でしか誕生しなかった希少種であり、「録音」という手段でしか記録することが出来なかっただろうハプニング的存在なのである。そして、このような一回性こそが、この時期もっともリアルな「芸術」の在り方として、ジャズを「現代美術」へと接続させる鍵となったのであった。

　ハプニングス／イベント美術作品の記録としての「レコード」。このような文脈をESP-Diskは切り開いた。その代表作は、もはやジャズではまったくないアラン・ソンドハイムの『Ritual-Ali-7-70』(1967)やクロマニヨンの『Orgasm』(1969)などであろうか。ESP-Diskにローガンが残したディスクはあともう一枚、『More』がある。

サイドB 1966年録音

Everywhere
ラズウェル・ラッド

　ローガンがサイドメンとして参加しているめずらしいアルバム。ラズウェル・ラッドはニューヨーク・アート・カルテットなどでも活躍した、この界隈では貴重なトロンボーン奏者である。ツイン・ベースによる低音強調のアンサンブルの上でロビン・ケニヤッタ(as)、ローガン、ラッドの三者が十二分に個性を発揮する快作。

Jazz Realities

カーラ・ブレイ、マイク・マントラー、
スティーヴ・レイシー、ケント・カーター、
アルド・ロマーノ

1960年代後半、新しいジャズの在り方を模索した集団

　ここまで何度か出てきた「ジャズの十月革命」とは、1964年10月1日から4日までのあいだにブロードウェイ91丁目の「セラー・カフェ」において、ビル・ディクソン(tp)を主唱者として約20組の新人グループが登場した、ミュージシャン主宰の自主イベントである（もちろんソヴィエトを成立させた「ロシア十月革命」にかけたネーミングで、こんなトコからも企画の「過激さ」はうかがえる）。

　客席90ほどの会場には4日間でのべ700人以上が詰めかけたとのことで、参加した若手ミュージシャンたちの気勢は大いに高まった。ここから、ジャズ・クラブ（などの商業目的施設とメディア）に頼らず「自分たちの音楽を自分たちで作って自分たちで発表する」という目的で「ジャズ・コンポーザーズ・ギルド」という組織が発足され、「ジャズを中心にしたあたらしい創造活動」へと向けて旺盛な活動が開始されたが、約半年でギルド内部での意見の対立が顕在化しこの組織自体は分裂・自然消滅してしまう。しかし、一度火のついたこのような集団創作活動の気運は収まることなく、カーラ・ブレイ(p)とマイク・マントラー(tp)を中心に再び、late1960sを代表するミュージシャンたちの結節点のひとつとなる「ジャズ・コンポーザーズ・オーケストラ(JCO)」が組まれることになる。

　このアルバムはJCOのピックアップ・メンバーによる欧州ツアー中に制作されたアルバム。JCOの目的のひとつは「作曲された作品によって即興演奏による自由を、集団的に、さらに多角的に表現する」ことであり、マイク・マントラーの希望はこの状態をオーケス

演奏：Carla Bley(p), Michael Mantler(tp),
Steve Lacy(ss), Kent Carter(b),
Aldo Romano(ds).

オススメ曲
♪ Doctor
♪ Closer

サイドB
♪ Roast

トラ規模で作り出すことであったが、スティーヴ・レイシー(ss)とマントラーの2菅フロントをカーラのピアノが支えるこの編成は、「作曲」と「即興演奏」の関係を確認するのにうってつけのバランスで、作品としての完成度は彼らの企画の中では抜群に高いものである。

　録音状態も良好で、ソプラノ・サックスとトランペットという音域の近い楽器二つによるテーマの処理など、他では聴くことの出来ない生々しいサウンドだ。このあとカーラとマイクはアメリカに戻り、画期的な大作『ザ・ジャズ・コンポーザーズ・オーケストラ』を仕上げることになる。

サイドB 1964〜1965年録音

Cool Music

Communications
ジャズ・コンポーザーズ・オーケストラ

　1964年の12月に「十月革命」の余勢を駆って企画されたコンサートにおける、11人編成オーケストラ作品の録音（＋1965年のライブ録音）。ソリストとしてアーチー・シェップ、ミルフォード・グレイヴスも参加し、どちらも切れ味の良いところを見せている。当時の前衛芸術家たちの拠点であった「ジャドソン・ホール」でおこなわれたイベントだったことにも注目したい。ジャズはこの時期のアヴァンギャルド・アート最大の支流のひとつだったのである。

People in Sollow

アート・アンサンブル・オブ・シカゴ

地元〈シカゴ〉の共同体を表す祝祭のジャズ

　前項で紹介した「JCO」に代表される、ミュージシャンたちによる自主運営組織の結成は大きな話題となり、たとえばシカゴでは1965年に「創造的ミュージシャンの進歩のための協会(AACM)」が発足する。この非営利団体は地域に根ざした活動を長年にわたって安定的に続け（2010年前後にシカゴ出身のミュージシャンにインタビューする機会があったが、その時にもAACMの話題が出た）、多くのミュージシャンを輩出したが、その代表といっても良いグループがこの「アート・アンサンブル・オブ・シカゴ(AEOC)」だ。

　創設メンバーはレスター・ボウイ(tp)、ロスコー・ミッチェル(s)、ジョセフ・ジャーマン(s)、マラカイ・フェヴァース(b)（ここに少し遅れてドン・モイエ(ds)が加わる）。この本では、というか「ジャズ」というジャンルにおいては、「ミュージシャン名」に加えてカッコで「その担当楽器」を示す慣習があるのだが、そして上述の楽器は一応彼らの専門ではあるのだが、AEOCは「多楽器主義」を宣言しており、ステージ上で彼らは笛、鳴り物、さまざまなパーカッションその他を共同で分かちもって演奏する。

　ステージ上にトコロ狭しと置かれた楽器、そして彼らの化粧や衣装はきわめて演劇的なものであり、たとえばこのアルバムの冒頭はピアニッシモのベルの響きからはじめられるが、彼らはおそらくこのサウンドをステージ上を大きく移動しながら演奏しているのではないかと思う。

　AEOCの演奏は「シカゴにおける自分たちの生活」を祝祭化した

演奏：Lester Bowie(tp,per),
Malachi Favors Maghostut(b,per,vo),
Joseph Jarman(ss,as,bs,cl,per),
Roscoe Mitchell(ss,as,bs,cl,fl,per).

オススメ曲
♪ People in Sollow(Part1)
♪ People in Sollow(Part2)

サイドB
♪ Comme Ā La Radio

ものであり、舞台での彼らの行為や鳴らされる音は、アメリカ黒人の朝・昼・晩の出来事や感情を抽象化、極端に言えば「戯画化」したものであるのだ。なので AEOC のステージを収めたレコードを聴く際には、「小唄の抽象化」や「演奏における名人芸」などを聴き取ることとはまた異なった想像力が必要とされる。ローカリティをステージに乗せることと「モダン」を成立させることの角逐が AEOC の最大の魅力であり、そしてこれはあらたな「グレート・ブラック・ミュージック」として編成されるべき「ジャズ」の重要な課題でもあった。彼らのこの最初の達成が、異国であるパリで記録されていることの意味を考えてみたい。

サイドB 1969年録音

Saravah

Comme Ā La Radio
ブリジット・フォンテーヌ

　上記の録音と同時期に、前衛的なシャンソン歌手ブリジット・フォンテーヌと AEOC が組んで制作した作品。クールなヴォーカルと、ポップでありながらザラッとした AEOC の演奏が合間って、冒頭のベースの響きなどいつまでも耳に残って離れない名盤である。日本での人気も超高い。

Town Hall 1972

アンソニー・ブラクストン

ジャズから出現したポスト・モダニズム的な知性

シカゴ生まれ、AACMの所属員でもあるアンソニー・ブラクストン
は、しかし、いや、だからこそ「自分たちの伝統」とされる音楽に
対する精査をそのキャリアのはじめから試み続け、アメリカにおけ
る民族的文化／地域的文化／世代的文化の在り方の、そのどこにも
依存しないような「音楽」を生成することに力を注いだ。

【➡P150】

彼はサックスというジャズを象徴する楽器の奏者でありながら、
コントラバス、バリトン、アルト、ソプラノ、ソプラニーノなどの
サックス群、同じく多彩なクラリネットとフルートその他のリード
楽器を同じステージで同じように取り上げて演奏し、ジャズの通例
である「〜奏者」という語られ方そのものに「？」を突き付ける。

また彼は「Donna Lee」などのビバップ曲を取り上げると同時に、
記号と図形を配置した譜面作品を制作して「現代音楽」の領域から
も手が伸びるような余地を生み出しておく。空間性とスウィング、
自律したテクスチャーと掛け合い、スーザ風マーチとウェーベルン
的点描主義をごっちゃに、あるいは切り分けながら提示する彼の知
性は、まさしく1960sに醸造された（彼は1945年生まれである）新
世代の感覚に基づくものであろう。

オーネットの、シーンからの短い引退のきっかけとなった『Town
Hall 62』コンサートからちょうど十年。ブラクストンはここで三つ
のオリジナルとひとつのスタンダード（「All the Things You Are」）
の演奏によって自身の方向性をはっきりと示すことに成功している。
特に素晴らしいのはデイヴ・ホランド (b) ＆ フィリップ・ウィルソン

演奏: Anthony Braxton(ss,as,cl,contrabass,fl,p
er), Dave Holland(b), Phillip Wilson(ds),
John Stubblefield(ts,fl,bcl,gong,per),
Jeanne Lee(vo), Barry Altschul(per,marimba).

オススメ曲
♪ Compositoin Ⅰ
♪ All the Things You Are

サイドB
♪ The Breath
♪ Josephine
♪ The Woe

(ds,per)とのトリオによる「CompositionⅠ」。3人のサウンドの凝縮
と解放のペースが揃っており、全員がはっきりと同じ方向を向いて
アンサンブルを組み立てている（楽曲の内容を三者がしっかりと把
握し遂行している）ことが演奏の端々から理解出来る。

　ブラクストンのアルバムは、えーと、おそらく200枚近くは出て
いるんじゃないか（もっとか!?）と思われるので、ジャズから出現
したポスト・モダニズム的な知性に触れて、「音楽で可能となる伝
統への取り組み」への軸をもう一本増やしてみて欲しい。

サイドB 1972〜1973年録音

Weal & Woe
スティーヴ・レイシー

　1960s終わりにニューヨークから欧州へと活動の拠点を移した
（ユダヤ系ミュージシャンとしては例外的な）スティーヴ・レイシー
の、最初のサックス・ソロ公演および、ほぼ最初期のグループ表現
をまとめたアルバムである。彼の音楽はブラクストンと同じくとて
も奇妙なアヤに充たされており、その広がりは『スティーヴ・レイ
シーとの対話』（月曜社）に詳しい。ジャズとそれ以外の音楽の狭
間は一体どこにあるのかを把握するための格好のサンプルが、彼の
音楽である。

🎵 創造の現在形としてのジャズ

Globe Unity

アレクサンダー・フォン・シュリッペンバッハ

世界各地のアイデンティティとむすびつくジャズ

　アレキサンダー・フォン・シュリペンバッハ。名前からご想像とおり、ドイツ人である。欧州における「ジャズ」の普及と発展は各国それぞれなのでここで詳しくまとめてる余裕はないが、1960s中盤から（本国アメリカの「外」への意識に反応するかのようにして）西側諸国のジャズ・ミュージシャンたちは、「黒人的」に「スウィング」する以外の、それぞれの歴史・文化を基盤にした表現の模索を開始していた。エリック・ドルフィー、セシル・テイラー、アーチー・シェップ、アルバート・アイラーらの遠征の影響も大きかっ
【→P126】　　　　　　【→P136】
【→P144】
ただろうし、「十月革命」の余波は海外にも届いていたはずである。
【→P142】

　このアルバムは1966年、のちにそれぞれが一派を為すドイツの若手ミュージシャンたちが総がかりで取り組んだその最初の解答のひとつである。母体となったのは1965年に名盤『Heartplants』をリリースしたギュンター・ハンペル・カルテット。それに加えて3本のブラス、4本のサックス、パーカッション、ベース、ドラムスが2台ずつという大編成で（ドラムはのちにGURU GURUを結成するマニ・ノイマイヤーと、CANのヤキ・リーベツァイトである。クラウト・ロック！）、ガンガン盛り上げるリズム隊の上で大騒ぎを繰り返しながら、要所要所でキチンとアンサンブルをキメるホーン隊の揃いっぷりに感心する。さすが交響楽の国、というか、おそらく基盤にあるリズムの捉え方が一緒なので、どれだけ疾走してもこのオーケストラには混乱がないのである。

　即興と書かれてあるパートとの接続もスムースで、ティンパニー

演奏：Alexander von Schlippenbach(cond,p, etc.), Peter Brötzmann(as), Kris Wanders(bs), Gunter Hampel(bs,fl), Peter Kowald(b), Buschi Niebergall(b), Jackie Liebezeit(ds), Mani Neumeier(ds), Gerd Dudeck(ts), Claude Deron(tp), etc.

オススメ曲
♪ Globe Unity
♪ Sun

サイドB
♪ The Sound Pool

やオーケストラ・チャイムの音をきっかけにホーンが上昇したり下降したりするパートは（ギャグのつもりじゃないだろうけど）大仰で笑ってしまった。ラスト、リズムがブレイクしてからのホーン隊全員の高速トレモロ〜チューバのテーマ吹奏〜そのままラストのピアノ・ソロという構成もよく出来ている。

　「グローブ・ユニティ」はこの後その名を引き継いだオーケストラとして活動を続け、1970s後半には『Improvisations』(ECM)『Compositions』(ECM)という対照的な二つの名盤を制作することになる。シュリペンバッハは高瀬アキ(p)とともに定期的に来日公演と制作を続けているので、これから聴く機会がありましたらぜひ。

サイドB 1969年録音

The Sound Pool
ムジカ・エレットロニカ・ヴィヴァ

　こちらはイタリアの即興演奏集団。グローブ・ユニティとはまったく真逆の演奏と録音で、演奏者の（肉声による）雄叫びの重なりからスタートして、なんだろこの会場、体育館的な残響が強くてもう誰が何をやっているのかまったく判別出来ない＝モダン・ジャズとしての鑑賞は不能な狂騒を捉えたドキュメントである。聴衆も演奏（？）に参加しているとのことで、1969年にこんなコンサートがあったという記録として貴重。

FMP

Machine Gun

ペーター・ブロッツマン・オクテット

ヨーロッパのアートの伝統を正しく受け継ぐダダイスト

　前項で紹介した「グローブ・ユニティ」でも中盤で、すでに完全に完成された「フリー」なサックス・ソロを披露していたペーター・ブロッツマンの、もう笑っちゃうくらいにそのまま「マシンガン」な演奏&アンサンブルを収めたリーダー・アルバムである。

　オクテットということで8人編成なわけですが、ミュージシャン名を並べただけで知ってる人はノケぞる、1967〜1968年という時期だからこそ可能であった参加メンツで、フロントに並ぶのがブロッツマン、イギリスからエヴァン・パーカー (s)、そしてそこにさらにオランダ出身のウィレム・ブロイカー (s) まで居るのである。この三者がガンガンに「マシンガン」するバックを支えるのが最強ハン・ベニンク (ds) と才人スヴェン・オーケ・ヨハンセン (ds)。ピアノにフレッド・ヴァン・ホーフ、ベースも二人でブッチ・ニーベルガルとペーター・コヴァルト（この2人もグローヴ・ユニティ組）……という、EU的に国をまたいで結成されたグループであって、それぞれがこのあと異なった方向に向かってビッグになるミュージシャンたちが、ココで一斉にブロッツマンのコンセプトに従って狼藉を繰り広げているのであった。

　ブロッツマンはジャズメンであると同時に、おそらく、ヨーロッパ・アート・シーンの伝統を正しく受け継いだダダイストである。彼のサックスの演奏自体がダダの精神の体現であり、その本領はナンセンスとブチ壊しにあり、たとえば彼の名を高らしめた最初の録音は、サックスの通常的なサウンドの外側にある音ばかりで演奏さ

演奏：Peter Brötzmann(ts,bs),
Willem Breuker(ts,bcl), Evan Parker(ts),
Fred Van Hove(p), Peter Kowald(b),
Buschi Niebergall(b), Sven-Åke Johansson(ds),
Han Bennink(ds).

オススメ曲
♪ Machine Gun

サイドB
♪ AMMMusic

れた、そしてそれをその楽器の発明者に捧げた『For Adolphe Sax』
であった。

　こういった「ミュージック」と「アート」を接続させる試みは大
抵は考えオチというか、「あーなるほど、分かった分かった……」
で終わって全然面白くないんだけど、ブロッツマンはそこを力業で、
バカでかい音量で、それこそ全力で超えてくるのである。この
『Machine Gun』、ちょっと調べたらなんとコレApple Music で現在
コンプリート版が聴けるとのことなので、ウッカリ聴いてビックリ
してみてください。センチメンタルさやムードのカケラもない表現
をサックスという楽器で完成させた偉大なるペーター・ブロッツマ
ン。ちょくちょく来日していたので何度かその雄姿を拝めたのは幸
運でした。しかし、2023年6月に死去。合掌。

サイドB 1966年録音

AMMMusic
AMM

　ブロッツマンとはまた全然別の方向でコンセプチャルな芸術／音
楽を試みていたイギリスのグループがAMMである。キース・ロウに
よる「テーブルトップ・ギター」のサウンドが特徴的な、オール
オーヴァー的な無焦点状態の音響が続く、すでにまったく「ジャズ」
から離れた即興演奏作品。ドローン／アンビエント的なサウンドの
嚆矢とも聴くことが出来る複層的な意味を持つ作品である。

Solo Guitar Vol.1

デレク・ベイリー

Incus

ジャズの「即興」だけを取り出したギタリスト

コルトレーンやアイラーたちによって60sにおこなわれた「モダン・ジャズ」の構成要素の再検証を引き継ぎ、そこから「即興」だけを取り出し、自身の演奏活動のすべてをその一点に集中させることを試みたのが、イギリスのギタリスト、デレク・ベイリーである。

彼と（のちに「タイタニック号の沈没」などで作曲家として活躍する）ギャビン・ブライヤーズ (b)、トニー・オクスレイ (ds) によるトリオ「Joseph Holbrooke」が1965年におこなった「Miles Mode」（コルトレーンの曲）のリハーサル録音を聴くと、ベイリーらもやはり4ビートによるスウィングやフレージングから自分たちの音楽をスタートさせていることが確認出来る。が、ベイリーはそこから和声進行およびその進行から生成される旋律、旋律を支えているリズム構造、そして何らかの「ジャンル」を示す固有の「イディオム」などを次々と外してゆき、ただ単に「演奏する」という行為だけにとどまり続けるための奏法を切り開いていったのであった。そのような演奏を彼は「ノン・イディオマティック・インプロヴィゼーション」と呼び、彼のギター・プレイおよび、その即興演奏への取り組みをまとめた著書『インプロヴィゼーション　即興演奏の彼方へ』（工作舎）は後続世代に大きな影響を与えることになる。

彼の自主レーベルINCUSの最初のアルバム『The Topography of the Lungs』(1970)はエヴァン・パーカーおよびハン・ベニンクとのトリオによる演奏で、ジャズから完全に離れた場所でもこのような「即興演奏」が出来ることを示した記念碑的作品であるだろう。

演奏：Derek Bailey(g).

　ここで取り上げるのは、彼がはじめて完全なソロ演奏をレコーディングした1971年のアルバム。レコードではA面にあたる前半4曲の、トータルでもわずか20分あまりの「即興演奏」の、しかし、いま聴いても、はじまった瞬間から時空を見失うような、確かに進行はしているのだがどこにも辿り着かない、つねに「いま」であり続けようとするかのような演奏には息をのまざるを得ない。

　「ギターを持ったアナキスト」というカッコいいコピーを誰かが彼に付けていたが、このアルバムのB面（4〜7曲目）にはそのイメージをまったく裏切る楽曲が並んでいるので注意＆要確認！　現在「フリー」「インプロ」と大雑把に呼ばれている音楽の起点には、無表情のギャグも含めたこのアルバムが置かれているのである。

Tzadik

サイドB　2002年録音

Ballad
デレク・ベイリー

　生涯通して「ギターによる即興演奏」の活動を続けたベイリーの（上述した『Solo Guiter Vol.1』のB面以外での）おそらく唯一の例外的作品が、スタンダード曲をモチーフにして演奏した本作である。帯に太文字で「Yes, this is for real.」とあるとおり、発売された時は目を疑ったが、これがまた全編まぎれもないベイリーのサウンドであって、曲間が短めにされていることも合わせて、テーマと即興の区別がほとんど付かないままの全14曲。最高のギター・ミュージックのひとつであろう。ジョン・ゾーン会心のプロデュース・ワーク。【→P210】

Company 6&7

カンパニー

トランペットの中に湯を注ぐ？　加熱する即興プレイ

　ソロによる語法の追求と同時に、デレク・ベイリーは、自分と同じような考え方で（もちろん、完全に同じである必要はないし、そんな気味の悪い集まりなど彼ははじめからお断りだろうが）演奏を捉えているミュージシャンたちを探し、共演の機会を作り、観客へと提示し、徐々にこの「音楽」を認知させていった。[→P158]

　それぞれが自身の個性にだけ基づいた演奏者たちの、その場限りの演奏の集まりについて、1976年からベイリーは「カンパニー」という名称を使って呼ぶようになる。この名付けは彼のコンセプトを示す良い手助けになり、ミュージシャンたちは各回ごとに異なる顔ぶれでおこなわれる「カンパニー」の演奏に続々と参加し、また聴衆もその試みを理解し、楽しむようになったのだった。

　このアルバムは1977年の5月25～27日にかけてロンドンでおこなわれた、以後長く続けられることになる「カンパニー・ウィーク」の最初の模様を捉えたものである。ホストであるイギリスのミュージシャンはベイリー、スティーヴ・ベレスフォード、ロル・コックスヒル、エヴァン・パーカー。アメリカからレオ・スミスとアンソニー・ブラクストン。オランダからマールテン・ファン・レクテン・アルテナとハン・ベニンクとトリスタン・ホイジンガー。そしてアメリカ出身でパリ在住のスティーヴ・レイシーが参加し、さまざまな組み合わせで演奏が繰り広げられた。[→P152]

　楽器名を省略したのはメインとなる楽器以外にも持ち替えやさまざまな小道具が頻繁に使われたからであるが、たとえば3曲目にお[→P148]

演奏：Leo Smith(tp, fl), Steve Lacy(ss),
Lol Coxhill(ss), Anthony Braxton(ss,as,cl,fl),
Evan Parker(ss,ts), Derek Bailey(g),
Steve Beresford(p,tp,g,toys),
Tristan Honsinger(cello),
Maarten van Regteren Altena(b),
Han Bennink(ds,viola,cl,banjo).

オススメ曲
♪ LS/TH/AB/SL/MR
♪ TH/MR/SB/HB/DB

サイドB
♪ Abrams,Colligan,Drumm,Okura,Sugimoto,
Taylor
♪ Grubbs,Sugiomto,A.Vida,B.Vida

ける4人（ベレスフォード、アルテナ、ベニンク、コックスヒル）
は誰が何をやってるのか聴き分けられない時間の方が多い。

　ベン・ワトソンの大著『デレク・ベイリー』（工作舎）ではこの
時ベレスフォードは、「自分のトランペットの中に熱湯入りの容器
から湯を注いだ」とのことだが……各人がその解釈を異にしたまま、
「即興」によって生まれるアンサンブル＝音と行為の組織作りとそ
の解消の連続に立ち会うことが、ここから「音楽」を聴くことで得
られる経験のひとつと見なされてゆくことになるだろう。

サイドB 1998年録音

The Improvisation Meeting in Chicago
V.A.

Radio off duty recordings

　「カンパニー・ウィーク」は国と時を超えて続けられ、日本でも
1981年と1993年に開催された。このようなベイリーらの演奏活動
を踏まえて、あるいは横目で見るようなカタチで、あたらしい世代
のミュージシャンたちはやはりまた異なったやり方で自分たちの
「演奏」を組織してゆくことになる。このアルバムは1998年、日本
からシカゴに赴いた大蔵雅彦(reeds)、杉本拓(g)の2人とシカゴの
ミュージシャンたちによっておこなわれたセッションの記録である。
もはやジャズ的なサウンドはその気配すら存在しないこの録音に感
動したのが、late1990sのワタシである。

Colmbia

Isolation
富樫雅彦・高木元輝

借り物ではない日本の「フリー」

　ヨーロッパから日本に目を転ずる。ドラマー／パーカッショニスト富樫雅彦は1940年に生まれ、十代からキャンプ周りのミュージシャン生活に入り、16歳で渡辺貞夫グループに入る。まさしく「天才少年」として当時から注目されていた富樫を中心に、「ジャズ・コン」時代も「ファンキー」時代も終わった日本のジャズ・シーンが大きく動き出したのは、1960sの後半──1965年冬の「渡辺貞夫バークリー留学から帰国」および「新宿ピットイン開店」、そして1966年夏のコルトレーン・ツアーおよびその冬のエルヴィン・ジョーンズ長期滞在（麻薬容疑による出国停止処分）などの出来事が次々と重なり、政治の季節でもあったこの時期、若手ミュージシャンの活動が急速に白熱化しはじめたのであった。

　「遅れてきたものが先に立つ」という命題がある。彼らはそれまでの規範を性急なまでに急激に振り切って「フリー」に演奏するための道すじに入っていった。この場合「フリー」とは、借り物ではない、自分たちが自分たちのやり方で全力で演奏をおこなうことの出来るフォームを探すことを意味する。富樫は高柳昌行、吉沢元治(b)、鈴木弘(tb)、高木元輝(reeds)、佐藤允彦(key)らとさまざまなグループを結成しながら、既存の4ビートとは異なるリズムによる時間と空間の構成を自身のドラムによって切り開いていった。

　ここで取り上げるアルバムはそんな中でも異色作にあたるだろう、高木とのDUOによる完全即興による「映画音楽」作品である。足立正生・佐々木守・松田政男（スゴいメンツ…）らによる映画『略

演奏：富樫雅彦(ds,vib,marimba, tubular bells, timpani), 高木元輝(ts,bcl).

オススメ曲
♪ Isolation Ⅰ
♪ Isolation Ⅱ

サイドB
♪ The Beginning
♪ Moving

称・連続射殺魔』への劇伴であるが（この映画に関しても解説しなくてはならないのだろうが、字数が足りなくなるので略！）、監督側からの依頼により、富樫と高木はフィルムを一切見ないまま、無軌道に4人を射殺した「永山則夫」という少年のイメージだけを頼りにこの演奏をおこなったのである。

　平岡正明はこの映画を「流浪する下層プロレタリアートがこの世で見るもの」を捉えた作品と評している。この頃から都市に出現し、そしてますます現在その数を増加させている「不定期雇用労働者」に密着した音楽がここでは鳴らされており、つまり、日本のジャズはここではじめて「土着」的なものとして、その聴き手と共犯関係を結ぶ方向をはっきりと示したのであった。

サイドB　1975年録音

Spiritual Nature
富樫雅彦

　富樫雅彦は上述の録音の約2週間後に刺傷事件によって下半身不随の大怪我を負う。そのあと彼はパーカッショニスト／コンポーザーとして復帰、このアルバムは1975年に録音された組曲形式のコンサート作品で、彼の「音楽家」としての実力が遺憾無く発揮された名盤。ちょっと同世代のウェザー・リポート作品にも似たトーン・ポエムであり、しかしその描く風景は明確に日本の山林と田園である。

Philips

銀界
山本邦山・菊地雅章

王道かつ珍味、尺八のジャズ

尺八奏者、山本邦山は1967年にニューポート・ジャズ祭に原信夫シャープ＆フラッツとの共演で出演後、1970年に『再確認そして発展』(Philps)『Poo-San』(Philps)を録音して上り調子にあった菊地雅章（ニックネーム「Pooさん」）に委嘱し作品制作をおこなった。手元にある再発CDには作曲者の名前が未記載なので確認出来ないのだが、組曲的にまとめられた6曲のサウンドは見事に統制が取れており、アコースティック・ジャズとして王道かつ珍味という貴重な作品がこのアルバムである。

POOさんはこのあと1973年にニューヨークに移住。そのまま活動拠点をニューヨークに定め国際的な活躍を繰り広げた。その音楽性の広さはジャズ・シーンでも群を抜いており、ポール・モチアン(ds)と『銀界』にも参加しているゲイリー・ピーコック(b)とのアコースティックなピアノ・トリオ『Tetherd Moon』の諸作、雅楽の響きをシンセとホーン隊で鳴らしてみせた『Wishes／東風』、大編成ブギー・バンド「AAOBB」、ルインズの吉田達也(ds)、菊地雅章(b)と組んだハードコア・トリオ「Slash Trio」、峰厚介(s)やグレッグ・オズビー(s)との端正なジャズ・デュエット、引退期のマイルス・デイビスおよびそのバンド・メンバーとのセッション（未発表）などなど……（ニューヨークシティの描写音楽であると同時に前衛的変拍子ファンクの古典である『Susuto』は別項で！）。
[→P182]

どれか一枚で彼の音楽を語るというのはまったくの無理な話で、こうして書いてみて気が付いたのだが、ファンクやブギーといった

演奏：山本邦山(尺八), 菊地雅章(p),
ゲイリー・ピーコック(b), 村上寛(ds).

強烈なビートに基づく音楽とほぼ同じ割合で、生涯通してPOOさん
はスタンダード的バラードも演奏し、この二つの傾向は混ざらない
ままそれぞれ独立したセリーを形成している。つまり彼の中には
ジャズ喫茶的なサウンドとディスコ的なサウンドが同時に走ってい
るわけで、このセンスが東京／ニューヨークを往復する彼の活動を
支えた原資だったのかもしれない。

　残されたどの音源も聴く価値がある（とはいえ1980年代のシン
セ・ソロ作品にだけは注意！）日本でも稀有なミュージシャンの一
人である。2015年にニューヨークで逝去。

サイドB　1989年録音

Attached
菊地雅章

NEC Avenue

　とはいえ、どれか一枚といわれたらぼくは迷わずこれを推薦しま
すね。ニューヨークでも親しく交流していた、師匠格にあたるギル・エヴァンスがメキシコで逝去したのちに吹き込まれた、ピアノ・ソロによるレクイエム。「愛着」あるいは「執着」というアルバム名がズシリと響く名演奏である。ギルがアレンジしたオーネット曲「Peace」の美しさは格別。

🎵 創造の現在形としてのジャズ

解体的交感
高柳昌行・阿部薫

1970年、天才二人はなにをやろうとしていたのか

　1932年に東京で生まれ、ということは敗戦から戦後焼け跡時代に少年期を過ごし、占領期のキャンプ周りから音楽活動に入り、ジャズ・コン・ブームを経由して、しかし「アート」としてのジャズの在り方をいち早く感じ取った高柳昌行は、1960sには「新世紀音楽研究所」を組織。テーマに基づいたイン・テンポ／イン・コードによるオーソドックスなジャズのアドリブ奏法を磨き上げながら、同時に「プロジェクション」＝「投射」と呼ぶ独自の理論でもって、即興演奏を真に20世紀を代表する芸術へと向けて解き放つことを試みはじめた。

　高柳が残したこの実験／実践こそ「そのどれもが聴くべき価値を持つ」ものであり、きわめて少部数しか流通しなかった、その内容はほぼ伝説的にしか語られて来なかったこのアルバムが、高柳の死の約十年のあと（リリース時からは約30年の時を経て！）20世紀の終わりにようやくCDで再発になった時、それを聴いたぼくたちは、やはり、その聞きしに勝る凄まじい演奏にあらためて驚愕したのであった。

　当時若干21歳の、そして1978年に29歳で薬物死することでこちらも伝説的存在となったサックス奏者＝阿部薫とのDUO演奏は、冒頭から両者の激しい音の交錯による不定形の、アクセルを踏み切った最高速度の音形によって為されてゆく。ここでおこなわれている「投射」の解説は、高柳自身が遺稿集『汎音楽論集』（月曜社）で述べている言葉や、CD再発に際して数多く書かれることになった文

演奏：高柳昌行(g), 阿部薫(as,bcl,harmonica).

オススメ曲
♪ （全曲）

サイドB
♪ Lonely Woman
♪ Song for Che

章に任せたいと思う。

　とりあえずまずこのサウンドを聴き、そして同じデュエットによる『集団投射』『漸次投射』(DIW)の2枚、同年春の『Call in Question』(PSF)、同じく同年春の『A Jazzy Profile of Jojo』(JINYA DISC)、そしてさらに翌年の三里塚でのフェス音源『涙（La Grima）』(doubt music)と聴き続け（最後の「帰れ！」コールまでぜひ！）、一体これは何なのか？という疑問符を頭に浮かべてみて欲しい。

　当時はほぼ手に入らなかった音源が、いまでは容易に（盤によっては検索するだけで）聴くことが出来る——ということは、聴かないでいることも出来るこの状況をどう使うかは、われわれリスナー次第である。

サイドB 1982年録音

TBM

Lonely Woman
高柳昌行

　40代の終わりに食道静脈瘤破裂から一命を取り留めた高柳が、ソロ・ギターでもってあらためてジャズ・コンポジションの諸作に向き合ったアルバム。エレクトリック・ギターによるジャズ演奏の、いまだ開発されざる一面を探求した重要作。上述した「ニュー・ディレクション」系の作品と同時にコチラも聴いて、高柳が展開する諸々のコンセプトの精密さに唸って欲しい。

Clay
山下洋輔トリオ

最強トリオによる、日本的フリー・ジャズの完成形

　もう使われなくなったと思うけど、かつては、えーと、ぼくが中学〜高校生だった1980sの半ばくらいまでは「筒井／山下文化圏」という言葉があって、これはもちろん、SF作家・筒井康隆とジャズ・ピアニスト山下洋輔との交流から生まれた諸々の作品や友人関係についてを指している。

　互いにその活動を尊敬し合うこの2人を中心に、時には「全日本冷やし中華愛好会」（略して「全冷中」）などのきわめてナンセンスなイベントが立ち上がり、作家・ミュージシャン・編集者・読者・リスナーが一丸となって大騒ぎする場が1970sには何度となく設けられたのであった。ちなみにタモリもここからスタートした一人であるわけだが、ニッポンのジャズ史（のみならず、いわゆる「サブカルチャー」史全般においても）最大の運動量を誇ったと思われるこの文化圏を支えていたのが山下洋輔トリオのライブである。

　このアルバムはドイツ・メールスのジャズ・フェスティヴァルにおける、森山威男(ds)、坂田明(as,cl)とのバッチリ息の揃ったライブの録音。彼らはこれが初の海外遠征旅であり、この後老舗になるメールス・フェス自体もまだ3回目だった。この模様は山下による「コンバット・ツアー」と題されたエッセイに詳しいが（『ピアニストを笑え！』（新潮社））、彼らはここで最大の評価を受け、以後、毎年の欧州旅が彼らの活動の基盤となる。

　ピアノ独奏によるイントロの途中で、ズバラザン！という感じで叩かれる最初のブラシのワンフレーズあたりから、すでに客席から

演奏：山下洋輔(p), 坂田明(as,cl),
森山威男(ds).

（歌舞伎でいう）ジワが来ている感触が録音からも伝わってくる。クラリネットによるフレーズを静かに挟んで、セーノでいきなり最高速で突っ走るドラムとピアノとのチェイスが3分ほど続き、「ヤァーっ！」という気合一閃でブレイクしてブラシに移行する場面など、出来過ぎといっていいほどのダイナミクスである。

　各人が各人で最大限度のスピードで疾走し、ところどころで短いキメを（「セーノ」的な間合いで）挟んで展開する、という、日本的フリー・ジャズのひとつの完成形がここにはある。このカタチでの演奏を捉えたものとしては他に『キアズマ』（MPS）、『モントルー・アフター・グロウ』(Universal)、『In Europe 1983』(Colmubia)などがあるので聴き比べてみるのも一興だ。

サイドB 2000年録音

Resonant Memories
山下洋輔

> 　山下洋輔は自身のトリオを解散した後、あらたに「ニューヨーク・トリオ」としてセシル・マクビー(b)、フェローン・アクラフ(ds)とグループを組み、また、オーケストラその他とのコラボも積極的におこない、さらに幅広いスタイルでの演奏活動へと踏み込んでゆく。このアルバムは2001年制作のソロ・ピアノ作品。スタンダードおよび自作曲をじっくりと聴かせる好盤。

🎵 創造の現在形としてのジャズ

Columbia

サマルカンド

高橋悠治・佐藤允彦

二人のピアニストによる対話的即興

　高橋悠治は、まずヤニス・クセナキスなどの現代音楽の難曲を弾きこなすピアニストとしてクラシック界にデビューし、その後、コンピューターを使った計算による作曲、各国でのピアニストとしての活動、大阪万博への参加を経て、この時期（1974〜1975）、日本の作曲家たちの運動を組織する「トランソニック」を運営しながら次なる方向を探っている時期であった。ジャズ・ピアニスト、佐藤允彦は高橋について「1966年、ふとしたことから高橋悠治さんと知り合った。[…]人間が宿命的に持つあらゆる癖、行動と思考のパターン化、を排除出来、完璧さを超絶的な頭脳と技で一瞬の裡に具現してしまう人物をまのあたりにして」ショックを受けた、とこのアルバムのジャケットにコメントを寄せているが、いやなに佐藤氏だって超絶技巧および「なんでも弾ける」耳と感性の持ち主であって、そんな二人がスタジオでおこなった「即興演奏」の記録がこちらのアルバムである。

　LPではA面が「Samarkand」と題されたアコースティック・ピアノ2台による演奏。そしてB面が「Taklamakan」および「LOB NOR」というシンセ（もちろん全編アナログ）中心よるセッションである。

　高橋悠治は寄稿文で「即興は対話の技術だ。[…]対話が誰のものでもないように、即興はだれの作品でもない。それは他人にまかせることも出来ない。作曲家は即興をつくるとき、このことをわすれる。即興は旅のようなものでありたい。音のみしらぬ都市、砂漠、

演奏：高橋悠治(p,syn), 佐藤允彦(p,syn).

オススメ曲
♪ Samarkand
♪ Taklamakan

サイドB
♪ 綾
♪ 器の中

消えてしまう湖。その道がどこへゆくのか、だれもしらない。発見のあるあいだ、旅はつづく。」と書いている。その通り、ここにあるのは、特にB面において展開されているのは、誰のものでもない響きの群れのような流れである。彼らの対話はここではまず機材に向けて、つまり、それをコントロールする自身の曖昧な指先に向けておこなわれ、そしてそこから生まれた音を聴き取る複数の耳を想像することで、その響きは「誰のものでもない」場所へと解放されてゆく。ジャズとはまったく異なったロジックによる即興演奏の試みの記録が、ここにはある。

サイドB 1975年録音

Disappointment – Hateruma
土取利行・坂本龍一

　　上記のアルバムとほぼ同時期（こちらがちょいあと）におこなわれた、土取利行のパーカッションと坂本龍一のシンセおよびピアノによる「即興演奏」の記録。これまでの「音楽」とは異なる、人間的な把握のされ方を超えた空間性と時間性を生み出すための音楽。セッションのコンセプトはプロデュースした竹田賢一の『地表に蠢く音楽ども』（月曜社）に詳しい。

世界音楽の
プロトタイプ
としてのジャズ

　さて、前章の25（×2）枚を聴いた読者ならばすでにご理解されていると思うが、「ジャズ」という音楽は1965〜1975年のわずか十年間で、20世紀の冒頭において開拓された「スウィング」的なポップスからは相当に遠い場所にまで辿り着いてしまった。

　多民族が一つの価値観とリズムにノッて一緒にダンスを踊る可能性は、ここでいったん完全なる「個人」的創造の過程へと、それぞれがそれぞれバラバラに活動を続けながら、しかしそれでもやはりぼくたちは一緒に「音楽」を聴く／演奏することは可能なのだ……という、キツめの認識＆希望を踏まえた作業に還元されてゆく。

　まさしく「ポップスの前衛」に相応しいサウンドを奏でる1960s〜1970sのジャズを横目に、スウィングによってフィクショナブルに先取りされていた「統合文化」としての「大衆音楽」は、その要素をふたたび民族・階級・世代の各スペクトルに分解・深化させながら、ロックを筆頭にソウルもサルサもファンクも娯楽商品としての発展を続け、グローバルな資本とともに、アメリカ音楽＝世界の音楽としての市場が確立されるのがおそらく、1980s前後ということになるだろう。

　逆に言うならば、ようするに、第1章の中に含まれていた第3章の音楽の可能性を自身から追い出すことで、20世紀のポップスはその枠組みを完成させたのである。この排除と選別を踏まえて、あらためて、第2章における50

余枚を中心にした「モダン・ジャズ」の歴史こそが「真正」のものだ、という言説も安定化することになるだろう。

この章のアイテムは、そんな時代の中にあって、自身の演奏力を創造の基盤に据えながら、自分を育てたコミュニティが属する（逆ではない）、そして時代とともに多種多様に分岐してゆく「ポップス」との緊張関係が映し込まれた作品を中心とした。取りこぼしたままであった、本書における「歴史」の流れの中で語ることに違和感を覚える（ホントーに個性的な！）サウンド／ミュージシャンたちも、あらためてここで紹介することにしたい。

この時代にはすでに何か大きな潮流といったものは存在せず、各人がそれぞれに自身の資質と課題を深めていった結果の作品がここには集められている……ということで、この章では「オモテ」も「ウラ」もなく、とはいえ便宜上これまでと同じ構成でまとめるってことで、文章は2pでひとかたまり、ABがそのままズルズルと続くかたちで書かれております。

しかし、あらためて聴きなおして、ジャズとして語ることの出来る音楽の幅の広さに驚いている。四章だけを取っても、電圧の掛け過ぎでフューズが飛ぶ寸前のマイルスがおり、独自のアメリカーナを奏でるパット・メセニーとビル・フリーゼルがおり、五大元素を司るスティーヴ・コールマンがおり、最初から土星人だったサン・ラーがいる。パリジェンヌにスキャットで伴奏させるジョン・ルイスがいて、路上から星空への大道を歩くコンポステラがいて、ユダヤ文化へと向かうジョン・ゾーンがいて、「神童」ウィントン・マルサリスがいる――これらすべてを括る言葉として、100年前の1920sに流行した、お行儀の悪い、スラングに由来する、「もっと盛り上げてくれ！」という気分を端的に表現した「ジャズ」という口語を使えるのは、やはり、最高にいい気分である。

このヴァラエティにはおそらく、来るべき「世界音楽」とでもいうべきポップスの水準が見本台帳的に書き込まれているのだと思う。21世紀がはじまってすでに20年あまり。この20年間の「ジャズ」に関するあたらしい本を待ちながら、この一冊に集めた200あまりの作品をゆっくりと楽しんでもらえたらと。全体的に、文字数の関係でかなり煮詰まった表現になったところもあるけど、伝えたいことは全部書いたつもりなので、よくわかんないなーという部分があったらライブの現場なんかで（来ればすぐ捕まります！）直接お問い合わせください。あとは 大 騒 ぎ!!

CBS

Get Up with It

マイルス・デイビス

バーンアウト間近のマイルスの過激さ

第二期黄金カルテットでアコースティック・ジャズにおける構築美の限りを尽くしたマイルスは、その後プロデューサーのテオ・マセロとともに、コロムビアのスタジオを使った録音と編集による作品制作の道へと進む。

録音素材に大胆にハサミを入れてまとめた『In a Silent Way』(1969)、ファラオ＝マイルスが司る幻想の古代エジプト世界にさまざまなリズムを呼び込む『Birches Brew』(1969)、そのリズムたちを現在のストリート・カルチャーに接続・解放しようと試みた『On the Corner』(1972)……と、イマだからこそこんな簡単なコトバで各アルバムのコンセプトを要約して話を先に進めることも可能なわけだが、リリース当時はどれも侃々諤々、モダンの知性しか理解出来ない多くの批評家たちは、①リズムのコンポジションによる汎民族的音楽の制作、および、②その作業を「電化」と「磁化」によって取りおこなう、という2点でもってマイルスに振り切られ、このあたりのアルバムは精神分析的用語でいうとほぼ「解離」とでもいうような症状をリスナーに引き起こさせたのであった。

当時のマイルスがもっとも興味を惹かれていたミュージシャンはジミ・ヘンドリクスとスライ・ストーンであり、彼より20歳ほど若いこの2人の天才は、しかし、この多難な時期に、夭折、および麻薬禍による半引退状態へと突入してしまう。マイルスは彼らの残した音楽的成果を（きわめて独自なやり方で）消化しながらスタジオに籠り、ライブを続け、そして1975年に心身ともに焼き尽くした状態で引退生活に入る。その直前に、スタジオでの録音実験が無造作に、投げ出されたようなカタチでコンパイルされた、LP2枚組の分量のアルバムがこの『Get Up With It』である。

ここに収められているトラックは、この時期のマイルスの試行錯誤をそのまま反映させた多種多様なもので、しかしそこには一貫してバーンアウ

演奏：Miles Davis(tp,p,org),
Steve Grossman(ss), John Stubblefield(ss),
Carlos Garnett(ss), Sonny Fortune(fl),
Dave Liebman(fl), Keith Jarrett(kdb),
Cedric Lawson(fender rhodes),
Herbie Hancock(kbd), Pete Cosey(g),
John McLaughlin(g), Reggie Lucas(g),
Dominique Gaumont(g), Khalil Balakrishna
(sitar), Michael Henderson(b),
Al Foster, Billy Cobham(ds), Badal Roy(tabla),
Mtume, Airto Moreira(per),etc.

オススメ曲
♪ Rated X
♪ Mutme

サイド B
♪ Money Jungle
♪ Solitude

トを間近に控えた人物特有の「やりすぎ感」および「死の気配」が漂って
いるように思う。冒頭、レコードの片面すべてを使って奏でられるのは、
マイルスがオルガンだけを演奏する、すでに主旋律も存在しない、供花の
香りのようなレクイエムである。そしてまた同じくオルガンで、しかし今
度はクラスターによって過剰にサウンドが塗り込められた「ブラック・
ジョークによって過激化されたジェイムズ・ブラウン」とでもいうしかな
い楽曲「Rated X」も存在する。

　この2曲は、というかこのアルバムはその全体が1974年に逝去した
デューク・エリントンに捧げられている。
[→P36]

サイド B 1962年録音

Blue Note

Money Jungle
デューク・エリントン

　　ジャズにおけるエレガントを体現したデューク・エリントン。そ
の本質はおそらく、リズムによって活性化されるミニマリズムにあ
るが、チャールズ・ミンガスおよびマックス・ローチという恐ろし
いリズム・セクションとのトリオによって、そのコアな部分を過激
な状態にまで高めて提示したのがこの『Money Jungle』である。表
題曲の暴力度は「Rated X」に比例する。このサウンドは現在に到
るまで（エレクトリック／アコースティック両面で）消化し尽くさ
れていないが、唯一芯を喰うことに成功しているのはスガダイ
ロー・トリオ『公爵月へ行く』(Velvetsun Products)であろう。ぜひ
聴き比べを願いたい。

🎵 世界音楽のプロトタイプとしてのジャズ

Philips

Legrand Jazz

ミシェル・ルグラン

パリの若き音楽家がつくりあげたジャズ

　本章の冒頭解説でも書いたが、このパートではジャズをその出自としながら、しかし「歴史の一部」として語ることにはムリがあるようなサウンドをいろいろと取り上げてみたいと思う。というわけでここまで取りこぼしてきた、「ちょっとこれ他に類例がないな～」という作品をいくつか。

　まずは20世紀のパリの音楽的エスプリを代表するミシェル・ルグラン。彼の代表作はもちろん『シェルブールの雨傘』であるわけだが、まだ映画音楽に進出する以前の26歳時点においてニューヨークで（新婚旅行を兼ねたアメリカ行きだったそうだ。幸せ者！）、マイルス・デイビス、ジョン・コルトレーン、フィル・ウッズ、ベン・ウェブスターといった錚々たるメンバーを迎えて録音されたジャズ・スタンダード集がこのアルバムである。

　モダンの結晶化が絶賛進行中だったこの時期（1958年）にファッツ・ウォーラーの「ザ・ジターバッグ・ワルツ」やルイ・アームストロングの「ワイルド・マン・ブルース」などの戦前楽曲を、グランド・ハープなども含めた編成でラグジュアリーに吹き込む……という企画は、失敗すれば目も耳も当てられないほどショボいものになりそうな気配がするが、これがどっこい見事に、ルグランのアレンジと指揮はブラック・ミュージシャンたちにパリの風を吹かせることに成功しているのである。上記2曲で取られるマイルスのソロには、フランスで彼が経験した歓待の記憶に基づくくつろぎと歓びがある。

　そしてこの時期、欧州とアメリカを往復しながら自身のビッグバンドの運営に四苦八苦していたのが、ルグランの1歳年下のクインシー・ジョーンズである。

　シカゴの母子家庭出身の彼は大変な苦労人で（詳しくは自叙伝参照！）トランペットとアレンジを勉強しながらバンド生活を続け、1957年にビッ

演奏：Michel Legrand(cond,arr),
Phil Woods, Gene Quill(as), John Coltrane(ts),
Ben Webster(ts), Miles Davis(tp),
George Duvivier(b) ,etc.

グバンド作品『This Is How I Feel about Jazz』をリリース。きわめて良く
スウィングする秀作で識者の評価も高かったが、この時期のアメリカ芸能
界においてこの手のジャズ・オーケストラを継続させることはむつかしく、
たとえば彼は『カンバセーション・イン・ジャズ』（リットーミュージッ
ク）において、欧州とアメリカの音楽市場の異なりについて触れながら
「ジャズの未来」について熱っぽく語っている。

サイドB　1962年録音

Big Band Bossa Nova
クインシー・ジョーンズ

　しかし結局、彼は自身のバンドを諦め、Mercury RecordにA&Rマ
ンとして入社。以後、さまざまな「コマーシャル」作品をアレンジ
＆プロデュースする活動へと入った。このアルバムは当時流行しは
じめていた「ボサ・ノヴァ」をビッグバンドにアダプトした珍品か
つヒット作。こうした選択の先にマイケル・ジャクソンの『Thriller』
などがあるというわけで、クインシーのシブトさとポピュラリ
ティーへの感覚は大いに見習うべきものである。パリで彼は一瞬だ
けだが、エリートであるルグランと同じ先生から音楽理論を習って
いる。ナディア・ブーランジェである。

世界音楽のプロトタイプとしてのジャズ

ヴァンドーム広場

モダン・ジャズ・カルテット・
ウィズ・スウィングル・シンガーズ

耳ざわりのよいサウンドだが、実はかなりヘン

　「シャバドゥバ〜」みたいな「ジャズ・スキャット・コーラス」は最近ではすっかり巷で聴かなくなりましたが、1960〜1970sには本邦においても特にCMその他で大いに採用されたきわめて汎用性の高いムード・ミュージック御用達のサウンドで、その本家のひとつがこのスウィングル・シンガーズである。

　ソプラノにミシェル・ルグランの姉、「雨傘」でカトリーヌ・ドヌーブの歌吹き替えを担当したクリスチャンヌ・ルグランを擁する男性4名・女性4名から成る混成コーラス・グループで、このレペゼン・フランス（リーダーのウォードだけがアメリカ出身）のグループを十二分に支配下に置いて、ジョン・ルイスはMJQのサウンドを実に優雅に拡張したのであった。

　取り上げられている楽曲はジョン・ルイスのオリジナルが4曲と、バッハの「G線上のアリア」および「リチェルカーレ」それにパーセルのアリア「私が地面に横たわる時」。全編にわたってミルト・ジャクソンのヴァイブがリードを取り、スウィングル・シンガーズが「ダバダバ〜」と伴奏を勤める。どの曲もアレンジは違和感なく、どころか昔っからこんな音楽は普通にありました的な既視感さえ覚えさせるような落ち着きっぷりであるのだが、そんなわけない！　バロック音楽にヴィブラフォンによるブルースとポップなスキャットを混ぜ込んだ、以前にも以後にも存在しない珍なる発明品がこの「ヴァンドーム広場」である。

　このサウンドとタメを張るようなコーラス作品として強力なのが、マックス・ローチ主導によるスピリチュアル・ソング集『Lift Every Voice And Sing』(Atlantic)。ローチのカルテット（＋ラルフ・マクドナルドのパーカッション）にJ.C.ホワイト・シンガーズという22人編成（！）のゴスペル隊が加わって、「Motherless Child」「Troubled Waters」「Let The People

〔→P90〕

演奏：The Modern Jazz Quartet,
The Swingle Singers.

Go」などのトラディショナル曲が「これでもか！」というほど大音声で
演奏される。ジョン・ルイスのアレンジ方向とは真逆の、曲が始まって
から終わるまでほとんどまったく時間が動かない、神の園へと永遠に辿り着
かないんじゃないかと思わせる音楽がここにはある。

サイドB 1971年録音

Lift Every Voice and Sing
マックス・ローチ

> この「宙吊り感」こそがアメリカ黒人音楽の秘訣のひとつである
> ように思わせるほど、ここにあるテンションの持続は他民族の文化
> にとって異質なものである（とぼくは感じる）。これがフツーだと
> すれば、このフツーを基盤にした音楽としてすべてのブラック・
> ミュージックを聴き直す必要がある。このサウンドのどこまでが
> ローチのディレクションによるものなのか。セシル・テイラーとの
> DUOも確かこのようなテンションの持続に充たされたものであった
> [➡P136]
> ……などなど、ドラマーとしてではない、「音楽家」マックス・ロー
> チの個性は、まだ予断が許さない未来の領分にあるものだろう。

🎵 世界音楽のプロトタイプとしてのジャズ

Plays the Music of
Jimi Hendrix

ギル・エヴァンス・オーケストラ

ジャズの重鎮、ロックに挑む

　これまでに何度か本書を、水面にその背びれをチラリと見せては横切っていった編曲家／ピアニスト、ギル・エヴァンスのリーダー・アルバムをここであらためて取り上げたい。

　1912年生まれ（ということは、ジョン・ケージと同い年である）のギル・エヴァンスは、本書における第1章＝スウィング時代からのキャリアを持つアレンジャーであり、バップとモダンとフリーとエレクトロニクスの荒波を踏破して1988年に逝去するまで第一線で活動を続けた偉人である。

　というわけで、それぞれのディケイドで聴くに値する作品を彼は残しており、すでにソーンヒル楽団 (1940s) およびマイルスとのコラボ (1950s) については紹介済みだが、そしていわゆる一般的なアコースティック・ジャズの範疇に収まる作品である『Gil Evans&Ten』(Prestige / 1957) および『The Individualism of Gil Evans』(Verve / 1964) もぜひともオススメしたいアルバムなのでチェケラウ！なのだが、彼のオーケストラが本当に独特の、もはや異形といっても過言ではない響きを持ちはじめたのは1970sに入ってからである。

　上記のアルバムは文字とおり「ジミ・ヘンドリクス楽曲集」。ジミはだいたいその画期的なギター・プレイばかりが注目&賞賛&研究の対象となっているけれど、実はその曲の構造もかなりヘンであって、ジミのギター・サウンドはもしかすると彼の曲と切り離して考えない方が良いものなのかもしれないのである。ビミョーに話のキレが悪いのはまだこのあたり、分析のメスがコアに届いていないママ書いているからなんですが、ギルのこのアルバムを聴くとジミヘンへの解像度が上がる、と同時にその謎が再び深まる……という得難い経験が何度でも味わえるのでした。

演奏：Gil Evans(p), Marvin C. Peterson(tp,vo),
Lewis Soloff(tp), David Sanborn(ss),
Billy Harper(ts), Trevor Koehler(ts),
Tom Malone(tb), Peter Gordon(frh),
Howard Johnson(cl), Warren Smith, Jr.(vib),
John Ambercumbie(g), etc.

オススメ曲
♩ Angel
♩ Crosstown Traffic / Little Miss Lover
♩ Gypsy Eyes

サイドB
♩ Thoroughbred
♩ Eleven
♩ Cry of Hunger

　シンセとパーカッションに塗れた木管アンサンブル、DJで使ってもいつも普通に盛り上がる「Crosstown Traffic」、4ビートで演奏される「Up from the Skies」、ワウをカマしたチューバで吹かれる「Voodoo Chile」……などなど、金管・木管・エレクトロニクスが入り混じってまるで熱帯雨林のように見通しのきかないソノリティが形作られている。

サイドB 1973年録音

Svengali
ギル・エヴァンス・オーケストラ

　1973年に録音・発表された『Svengali』においてこの濃密さはすでに繁殖しはじめている。ニューヨークのトリニティ教会でのライブを元にして作られたこのアルバムを彩っているアナログ・シンセの響きは過渡期的なものではなく、これまでも多用されてきたロング・トーンによるサステイン場面のあらたな可能性——いわゆる「アンビエント／ドローン」にまで接続されてゆくアンサンブルを示唆するものだ。ソーンヒル楽団によってカヴァーされたブライアン・イーノ『Another Green World』をイメージしてみること。

世界音楽のプロトタイプとしてのジャズ

Island Virgin
エッセンシャル・エリントン

デューク・エリントンのカヴァーを聴きたければ、この一枚

　本邦が誇る世界でも最高の「プレイズ・デューク・エリントン」作品を
ここで紹介する。

　『エッセンシャル・エリントン』は渋谷毅(p)をリーダー／アレンジャー
として、峰厚介(ts)、松風鉱一(as,bs,fl,cl)、関島岳郎(tb)によって組まれた
グループ。1999年に同タイトルのアルバムを作ったあとにそのまま活動を
継続させ、2作目となるこのアルバムでは林栄一(as)、外山明(ds)がゲスト
として参加し、全15曲のうち8曲がこの6人で演奏されている。

　まずココロ躍るのがその選曲である。表題曲「Island Virgin」はリプリー
ズ・レーベル時代(mid1960s)の楽曲であり、また4曲目か7曲目までの「ソ
ネット」集は、シェイクスピアをテーマにしたアルバム「サッチ・スイー
ト・サンダー」からのものである（村上春樹が小説でモチーフにした「The
Star Crossed Lovers」はこのアルバムに収録）。このあたりのデューク楽
曲は聴けばフツーに最高なのだが（音質も良いし）あまりカヴァーされて
おらず、このサウンドを自分たちのアンサンブルに置き換える作業は楽し
いと同時に相当なハードルの高さだっただろうと思うのだ。

　そしてエッセンシャル・エリントンはそのハードルを悠々と超えて来る
のである。どの楽曲も4〜6人で演奏しているとは思えない、いや、確かに
楽器は人数分しか聴こえないのだが、これはどう聴いてもエリントン・
オーケストラのサウンドなのである。そして同時に、当代切っての個性派
揃いの6人が十二分にその実力を披露しているアルバムでもある。「エリ
ントン」という20世紀音楽における最大の山脈を、アレンジ／アンサンブ
ル／ソロのそれぞれで登って降りることに成功した見事な作品だ。

　渋谷毅と同年生まれの菊地雅章（高校も一緒だそうです）が1981年に
リリースした『Susuto』は、ニューヨークにおいてデイヴ・リーブマンや

演奏：渋谷毅(p), 峰厚介(ts),
松風鉱一(bs,cl,fl,etc.), 関島岳郎(tuba),
林栄一(as,ss), 外山明(ds,per).

バリー・フィナティといった当地のミュージシャンを縦横に駆使して制作されたエレクトリック・オッドビート・ブギー・アルバムである。菊地のファンクネスが最大限に発揮された作品であり、マイルス不在のlate1970sに開発されながら発表されなかったリズムと反復への知見が全投入された傑作だ。

Sony

Susuto
菊地雅章

POOさんの作品については前章ですでに取り上げたが、このアルバムおよび姉妹作『One-Way Traveler』、そして日野皓正(tp)と組んだ『Acoustic Boogie』(Somethingelse / 1995)などを充しているリズムの在り方はまだまだDIGされ終わっていない、20世紀のジャズが最後に残した未開拓の領域である。ギル／マイルス直系の汎民族的リズム構造の実験ラインはここで途切れたまま、時代はもっぱらラテン音楽を下地とするブレのない16ビートを敷衍した、エアロビクスに相応しいダンス・ミュージック全盛期へと向かっていくだろう。この流れに対するアンチテーゼとしてHIPHOPのビートを捉えてみること。

[→P164]

On Jupiter

サン・ラー

宇宙人がジャズをやったら、きっとこんな音

　ジャズ界においてもっとも独創的な音楽活動をおこなったミュージシャンの一人であるサン・ラー。彼はジャズがモダンへと踏み込むそのタイミングにおいて、自身を「地球の外側」からやってきた人間だと自覚し、土星からの使者＝サン・ラーとしての音楽活動を開始する。

　宇宙からやってきたワタシの前では、すべての人間は平等である。ワタシの音楽が相手にするのは、黒人・白人・アメリカという枠も超えて、全世界のすべての人種・民族・階級、さらには犬猫動物や植物まで含めた「地球生物」のすべてである。宇宙へと向かうワタシのパーティに、今宵、すべての存在を招待しよう──。超インテリであるサン・ラーは大真面目でこの祝祭の主催に取り組み、彼の「アーケストラ」およびそれを支える独自の思想＝神話体系から生み出された作品群はまさしく宇宙規模に膨大だ。

　このアルバムは自身の自主レーベルからリリースされていたものの再発CDであり、時代はちょうど「未知との遭遇」と「スターウォーズ」によってSFがポピュラリティーを得てきたタイミングにあたる。さらにそこにはインベーダー・ゲームとミラーボールが輝くディスコ・フロアのブームも重なり、そしてサン・ラーはそれらすべてをヘーキで取り込んで自身のパーティを開催するのである。2曲目のタイトルはズバリ「UFO」。まさしくP-ファンク軍団とニアリー・イコールな超俗っぽい、しかし確かに厳粛な儀式空間がここでは展開されているのだ。

　サン・ラーの形而上学的な過剰さ（から生まれる組織性）とは真逆に、ドン・チェリーは徹底的な「引き算」によって自身の音楽を「世界」へと土着させようとした。

　mid1960sに彼がBlue Noteに残したアルバムに刻まれている「モダン」の美学から、1965年、チェリーは欧州ツアーで触れたトルコ音楽の響き

演奏：Sun Ra & His Solar Arkestra.

オススメ曲
♪ On Jupiter
♪ UFO

サイドB
♪ BOA
♪ OBA
♪ ABO

（このネジれも重要）を学ぶことによって徐々に離脱をはじめ、1969年に
アフリカ・アルジェで開催された「パン・アフリカン・フェスティヴァル」
前後から完全に近代西欧的価値観を振り切った演奏へと突入してゆく。

　『MU』(BYG / 1969)『Live Ankara』(Sonet / 1969)などに記録された演奏
がその越境の瞬間であるだろう。

サイドB　1970年録音

Human Music
ジョン・アップルトン＆ドン・チェリー

> 　小さなテーマ、前近代的な（だからこそ確固とした独自の響きを
> 持った）楽器、それ自体が旋律でもあるリズム……などなどをさま
> に合成しながら展開されてゆく彼の演奏は、その構造に必ずひとつ
> か二つの欠落を備えた、だからこそ聴き手がその穴を「共演者」と
> して埋めることを求める音楽となっている。『Human Music』は
> 1970年、ダートマス大学の研究所でジョン・アップルトンのシンセ
> サイズド・エレクトロニクスと共演した録音。ここでもチェリーの
> 姿勢は変わらない。ロスで音楽的研鑽を積んだ彼は、ここではもう
> すでにどこの国にも属さない音楽を演奏するトラヴェラーとして遇
> されている。

🎵 世界音楽のプロトタイプとしてのジャズ

Chapter One
Latin America

ガトー・バルビエリ

Impulese!

ブエノスアイリスで鳴る音

　そんなドン・チェリーとパリで出会い、大きな影響を受け、帯同して初訪問したニューヨークで『Complete Communion』(Blue Note / 1966)および『Symphony for Improvisers』(Blue Note / 1967)というチェリーの傑作に参加したガトー・バルビエリ(s)。出身はアルゼンチンである。

　南米の豊富な民族音楽の伝統に背を向けて、彼は北米音楽＝「ジャズ」を演奏することから自身のキャリアをスタートさせた。最大のアイドルはジョン・コルトレーンである。ぐんぐんと才能を発揮し、ブエノスアイレスの環境に飽き足らなくなったガトーは欧州へと仕事の場を移す。そこでチェリーと共演する機会を得たというわけだが、その後ジャズの本場アメリカへとわたった彼は、同世代のミュージシャンとの共演の中で自身のアイデンティティをあらためて見つめ直すことになる。

（→P110）

　折しも北米では「ブラック・パワー」運動が巻き起こっている最中であった。西側諸国の中心に穿たれた「第三世界」文化としてブラック・ミュージック＝ジャズを捉える、という思想が説得力を持っていたのがlate1960sであり、ガトーは1967年に死んだチェ・ゲバラと同じ街の出身なのである。ガトーはジャズのモダニズムを通過することではじめて故郷である「南米」と向き合い、アルゼンチン、ボリビア、チリ、ブラジルの音楽を援用したアルバム『The Third World』(Flying Dutchman/1970)を制作する。冒頭に響くフルートと朗詠は北アルゼンチンの羊飼いの歌だ。

　『Chapter One』は1973年、故郷ブエノスアイリスにおいて現地のミュージシャンたちとおこなったセッションを中心に制作されたアルバムである。ギターとパーカッションによる分厚いアンサンブルを切り裂くように鳴り響くガトーのテナー・サックスは唯一無二の強烈さがある。ヘーイ！

　ガトーが目標としたジョン・コルトレーンに直接師事したファラオ・サ

演奏：Gato Barbieri(ts), Quelo Palacios(g),
Ricardo Lew(g), Adalberto Cevasco(b),
Pocho Lapuble(ds), Jorge Padin(per),
El Zurdo Roizner(per), etc.

オススメ曲
♪ Encuentros
♪ La China Leoncia Arreo La Correntinada
Trajo Entre La Muchachada La Flor De La
Juventud (Part 1-4)

サイドB
♪ The Creater Has a Master Plan Part.1

ンダースもこの時期、同じくImpulse!から、コチラはアフリカ～アラビア
～インドをミックスさせた「汎第三世界」音楽を制作している。

　アーカンソー州出身の（しかも「リトルロック」市である）サンダース
にはもちろん、こうした音楽を演奏するための下地はない。コルトレーン
およびチェリーと同じように、サンダースのプレイする音楽も「フィク
ション」としての「民族音楽」なのであって、即興演奏によって自分自身
とつねに向き合わざるを得ないジャズ・ミュージシャンたちは、この時期、
世界各地において、自分が属している「伝統」とはなんなのか？について
の自問自答を繰り返していたのだった。

サイドB 1969年録音

Karma
ファラオ・サンダース

　「ファラオ」という名はサン・ラーの示唆によって得たものだと
いう。世界でももっとも発展した資本主義によって稼働する、そし
て、しかし、いまだ厳然と「人種差別」が残っているアメリカ合衆
国において、モダン＝近代的価値観を体現していたジャズ・ミュー
ジシャンたちが抱えていた矛盾は相当に根深いものであったように
思う。この矛盾こそが彼らのパワーの源泉であり、ファラオおよび
ガトーのサックス・サウンドに備わっているヒビ割れた響きこそ、
この当時聴くことの出来た最大の思索的表現である。

🎵 世界音楽のプロトタイプとしてのジャズ

Liberation Music Orchestra

チャーリー・ヘイデン

いまなお高揚する、抵抗のための音楽

オーネット・コールマン伝説のニューヨークデビューのベーシストとして一躍名を上げたチャーリー・ヘイデン（当時若干23歳！）。その後、堅実かつ独自のトーンでさまざまなグループを支え続けたヘイデンのプレイは、late1960s〜2000sを主に扱うこの章のまさしく基調低音である。

このアルバムは彼の初リーダー・アルバムで、1936〜1937年にスペインで勃発した共和国政府vsナチスに支援された軍部ファシスト陣営との内戦、およびその時に唄われていた歌をモチーフに、当時もっとも先鋭的な活動をおこなっていたJCOのメンバーを誘って制作されたものである。
〔→P148〕

「スペイン市民戦争」と呼ばれるこの内紛には国の垣根を超えて多くの義勇兵が参加したことで知られており、アメリカからも通称「アブラハム・リンカーン隊」と呼ばれた約3000人もの人々が闘争に加わった。ヘミングウェイの「誰がために鐘は鳴る」はこの戦争を舞台にした小説であるが、ヘイデンは自身が生まれた頃に戦われたこの内戦をバネにして、現在遂行中であるアメリカ合衆国の戦争にNONを唱えたのである。

LPのA面はカーラ・ブレイが作曲＆編曲を担当した、民謡およびハンス・アイスラーの楽曲を含めた「人民戦線組曲」とでもいうべき楽曲群。B面は以後スタンダードとして取り上げられることも多いヘイデンの「Song For Che」、オーネットの「War Orphans」、カーラの「The Interlude」、当時の大統領選挙のドタバタをテーマにした「Circus'68'69」＆「We Shall Overcome」……ということできわめて政治性が高い（というよりもこれ以上ないくらいド直球の）アルバムであって、ヘイデンは以後もこのコンセプトを手放さずに、何度となくこのオーケストラ活動を再生させ政治的なアピールを発信し続けた。ポルトガルのフェスのステージ上で同政権を批判するメッセージを発して演奏後一人だけ拘束されるなど（YouTubeに

演奏：Perry Robinson(cl), Gato Barbieri(ts,cl), Dewey Redman(as,ts), Don Cherry(cornet, Indian wood,bamboo,fl), Mike Mantler(tp), Roswell Rudd(tb), Bob Northern(frh,hand wood blocks,crow call,bells,military whistle), Howard Johnson(tuba), Paul Motian(ds,per), Andrew Cyrille(ds,per), Sam Brown(g), Carla Bley(p,tambourine,arr), Charlie Haden(b).

インタビューがあると思います）彼は一貫して植民地／アパルトヘイト政策を批判する姿勢を崩さなかったが、その基盤にあるのはアメリカのフォーク音楽であって、彼は旅回りの芸人一家の一員として2歳の頃から人前で歌を唄って育った。その2歳時のラジオ出演の録音は家族および友人と彼が制作したカントリー・ソング・アルバム『Rambling Boy』(Emarcy / 2008)で聴くことが出来る。田舎の善男善女が小さく合唱するこれらの民謡の価値を信じ、その唄を中心に集うファミリーとコミュニティを大切にすることがそのまま、ヘイデンの国際性を成しているのである。

サイドB 1994年録音

Verve

Steal Away
チャーリー・ヘイデン&ハンク・ジョーンズ

こちらは名手ハンク・ジョーンズとのDUOで作られたスピリチュアルズ曲集。実にシンプルな演奏が続くが、何度聴いてもまったく聴き飽きない、マジカルな雰囲気に充たされた傑作である。その他、ドン・チェリーらと組んだ「Old & New Dreams」。マイケル・ブレッカー、ブラッド・メルドー、ブライアン・ブレイドとによる【→P200】『American Dreams』。【→P220】パット・メセニーとのコラボレーションの数々など（あと矢野顕子の『Welcom Back』も！）、名作・名演奏多数なのでこれからゆっくりと楽しんで欲しい。

◀ 世界音楽のプロトタイプとしてのジャズ

084 | 1965年録音

Rip, Rigand Panic

ローランド・カーク

ジャズ界の「二刀流」、いや、「三刀流」?

　ローランド・カークをこの流れで紹介するのはちょっとためらわれるというか、あらためて考えてもこの人は何かの「流れ」に位置付けられるようなミュージシャンではないのだなあ……という思いばかりが強くなる、個性派揃いのジャズメンの中でも飛び抜けて強力なホーン奏者がカークである。

　彼の名前をここではじめて知った人は試みに画像検索してみて欲しい。どうぞ。はい。見ましたね?　首の周りに大量に管楽器をぶら下げて、両手を使って2本さらには3本の楽器をガバッと咥えて頬を膨らまして演奏している彼の姿を。これがローランド・カークです。

　1935年オハイオ州に生まれ、医療事故で幼児期に視力をうしなう。その後音楽の道に入り、サックス、トランペット、フルート、その他の楽器を習得。通常のサックスの他にもマンゼロと呼ばれるストレート・アルトやストリッチという旧型カーヴド・ソプラノを1曲中に同時に使用し、しかも持ち替えるのではなくそれらを一緒に咥えて演奏するという技法でソロの最中に和声を吹き鳴らし、たとえばこのアルバムでは表題曲「Rip,Rig And Panic」の最後にそのワザが飛び出してカルテットは一挙に狂躁状態に突入してゆく。その後、エルヴィン・ジョーンズによるドラム・ソロの途中にブザーのようなホイッスルのような音も聴こえるが、彼はコレを鼻で吹き鳴らしてソロを締めたりもするのである。しかしここでのリチャード・デイビス(b)、ジャッキー・バイヤード(p)の演奏は何度聴いてもスゴい……このアルバムの演奏自体はキッチリとモダン・ジャズのマナーの内側に収まるものであり(「Slippery Hippery Flippery」などでちょっと変なエフェクト音が入ってたりもするけど)、カークのソロはよく聴くと実に折り目正しい伝統的な和声感に則ったものであるのだが、そこに盛られて

演奏：Roland Kirk(ts,stritch,manzello,oboe,ca
stanets,siren), Jaki Byard(p), Richard Davis(b),
Elvin Jones (ds).

オススメ曲
♪ No Tonic Press
♪ Rip,Rig & Panic
♪ Black Diamonds

サイドB
♪ I Say a Little Prayer
♪ Three for the Festival

いるエネルギーの量が普通に倍付けなのである。

　late1960sに入るとカークはこのサウンドのままさらに積極的に同時代のR&B〜ソウルの楽曲を取り上げるようになり、たとえば『Volunteered Slavery』(Atlantic / 1969)ではスティーヴィー・ワンダーの「My Cherie Amour」やバカラックの「I Say a Little Prayer」を取り上げて派手にブチかましている。

サイドB 1968〜1969年録音

Volunteered Slavery
ローランド・カーク

　本人のヴォーカルとバンドのコーラスを配置した表題曲「Volunteered Slavery」から最後の「Three For The Festival」まで、グングンとブラックネスが色濃くなってゆくアルバムであり、このお祭り感がカークの本領であるかもしれない。その途中に「ジョン・コルトレーンに捧げる」組曲が入っているのが泣かせるというか、彼の中では当然のようにスティーヴィー・ワンダーとコルトレーンは一枚岩のものなのである。その他、聴きたいアルバムはたくさんあるけど、内面世界をテープ・コラージュで楽曲内に織り込んだ『The Case of 3-Sided Dream in Audio Color』(Atlantic)なんかがワタシはとても好きです。

🎷 世界音楽のプロトタイプとしてのジャズ

Native Dancer
ウェイン・ショーター

Columbia

音楽的未開拓地＝ブラジルへのアプローチ

　アート・ブレイキーとマイルス・デイビスという二大ボスのバンドに仕えたのち、1970年、ウェイン・ショーターはウィーン出身のキーボード奏者ジョー・ザヴィヌルおよびチェコ・スロヴェキア出身のミラスロフ・ヴィトウス(b)とともに自身のバンドを結成する。「ウェザー・リポート」と名付けられたこのバンドについては別項で取り上げるが、1970sに入る瞬間にこのマルチ・エスニックなバンド（ここにさらに南米出身のパーカッションが入る）が誕生しているのは興味深い。

　ショーターはサン・ラーとはまた別の方向で宇宙色の強いジャズメンであり、ウェザー初アルバムの1曲目は「Milky Way」。直前に出されたアルバムのタイトルは『Super Nova』(Blue Note)である。そんな彼がドイツ第三帝国の田舎出身の頑固オヤジであるザヴィヌルと組んで作った音楽は、MJQと同じくらい奇妙なセンスに充ちている（が、あまりそのことを指摘されないとこも似てる）のだが、それはさておき、ブラジル・ミナスを音楽的故郷とする、この時点ではほぼ無名であったミルトン・ナシメント(vo,g)を大々的にフィーチャーしたこのアルバムが、ウェザー活動期に制作された彼のはじめてのアルバムとなる。

　「Beauty And Beast」「Diana」「Ana Maria」といったショーターの楽曲と「Ponta De Areia」などのナシメントのオリジナル曲が絶妙に配置され、「ブラジルといえばボサ・ノヴァ」一辺倒だった当時の北米ポップス界隈ではちょっと想像出来ないような高度な「フュージョン」的音楽がここでは成立している（盟友ハービー・ハンコックの参加もこの成功に大いに貢献しているだろう）。

　ショーターはこのままブラジル音楽に傾倒……ということは一切なく、ウェザーを経由して再びアコースティックな、もはやその響きしかジャズ

演奏：Wayne Shorter(ss,ts,p),
Herbie Hancock(p), Wagner Tiso(p,org,b),
David Amaro(g), Jay Graydon,(g,b),
Milton Nascimento(g,vo), Dave McDaniel(b),
Robertinho Silva(ds,per),
Airto Moreira(per).

オススメ曲
♪ Ponta de Areia
♪ Diana
♪ Ana Maria

`サイドB`
♪ Bailarina
♪ Magico

ではない「世界宗教音楽」とでもいうしかないような厳かなサウンドへと向かってゆくことになるだろう。さすがの「Mr.Gone」である。

　音楽大国ブラジルはこの時期長らく続く軍事政権下にあり、カエターノ・ヴェローゾおよびジルベルト・ジルの投獄・亡命・帰国などさまざまな出来事が起こっているが、北米をメインにした西側諸国のポピュラー音楽界にこの大国からの影響が強く働きはじめるのは、ようやく1990sを過ぎてからだっただろうと思う。ブラジル音楽の真髄は20世紀のウチはおそらく、ジャズもロックも全然咀嚼することが出来なかった。

`サイドB` 1979年録音

Magico
エグベルト・ジズモンチ

　そんな中で、ECMを介して『Soldo Meio Dia』『Solo』『Magico』といった作品を届けてくれていたエグベルト・ジズモンチは実に貴重な存在である。

　ヨーロッパという西回りチャンネルを経由しているとはいえ、ジズモンチが体現しているエレガントさと野生の同居、ハイ・テクニックとローカリティの融合は（ナナ・ヴァスコンセロスとも共通して）大都市とアマゾンが同時にあるブラジルの深淵を垣間見せてくれるものである。このアルバムはベースにヘイデン、サックスにECMの管楽器カラーを代表するヤン・ガルバレクが参加した一枚。ギターとピアノを使い分けながら紡がれてゆくアルペジオのタペストリーに、ガルバレクの独特な節回しがたゆたう逸品である。

世界音楽のプロトタイプとしてのジャズ

Geffen

Still Life (Talking)

パット・メセニー

タイムレスなアメリカ音楽を目指すジャズ・ミュージシャン

　ジャズ界が生み出した、ジャズという枠にとどまらない総合的な「アメリカ音楽」の作曲家・演奏家・バンドリーダーの一人がパット・メセニーである。20世紀の状況がすべて消え去った後世にあっては、メセニーはデューク・エリントンに匹敵する巨人として評価されているかもしれない。

　ミズーリ州（ヘイデンと同じ。共作『Beyond the Missouri Sky』もアリ）出身。田舎で育ったことの利点について彼は「世の中の流行とは無縁でいられること」と述べていたが、確かにメセニーの作品は農家の納屋やガレージで誰にも知られずに作り続けられる個人の発明品的な趣があって、このあたりはキチンと32barフォーマットに寄せてくるエリントンとは違ったところではあるのだが、とにかくこの人も1975年のソロ・デビューから約50年間ずーっと手を動かし続けている多作家である。

　作品の傾向をまとめると①パット・メセニー・グループ名義による作編曲＋バンド演奏を束ねたトータルな表現。②コンボを組んでのジャズ・プレイヤーとしての活動。③個人名義によるさまざまな演奏。④他のミュージシャン作品へのゲスト参加。⑤その他……という感じだろうか。もっとも個性的な創造力を発揮しているのはやはり①であり、故郷ミズーリからルイジアナへと遡り、さらに海をわたって南米世界へと抜けてゆくメセニーの「アメリカーナ」は唯一無二の世界観である。

　ギター・シンセによるハーモニカやヴォーカルやスティール・パン的（まるでヴォコーダーを通したかのような、架空の）表現を抒情のコアに、ナナ・ヴァスコンセロスの参加も効いているECM時代を経て、グループ名義の1987年リリース・アルバム『Still Life(talking)』は、耳触りがとても良く仕上がっているのでもしかして聴き流してしまうかもしれないのだけど、想像力と技術力とドラマツルギーが超高いレヴェルで融合している傑作で

演奏：Pat Metheny(g), Lyle Mays(p), Steve Rodby(b), Paul Wertico(ds), Armando Marçal(per,vo), Mark Ledford(vo), David Blamires(vo).

ある。ほぼ姉妹編的な作品といえる1989年の『Letter from Home』とともに繰り返し聴いてメセニーの提示するヴィジョンを堪能して欲しい。

　伝統的なジャズ・プレイヤーとしてのメセニーの腕前を十分に味わえるアルバムは、ロイ・ヘインズ (ds) およびデイヴ・ホランドとのトリオ『Question and Answer』(Geffin) などだろうか。最近の作品ではクリス・ポッター (s) らと組んだ「Unity Band」シリーズが、メセニーの世界観をジャズ的に展開することに成功しており素晴らしい。

（サイドB） 2014年録音

The Unity Sessions
パット・メセニー

Nonesuch / Warner

　その他、オーネット・コールマンとの共作『Song X』、ジョン・スコフィールドと組んだ諸作、ノイズ・ギター・ソロ『Zero Tolerance For Silence』、デレク・ベイリーを迎えた『The Sign Of 4』、ナゾの巨大自動演奏楽器オーケストラ作品『The Orchestrion Project』[➡P158]、ジョン・ゾーン作品集（！）である『Tap』[➡P210] などなどなど、自身名義の作品だけでもヴァラエティ豊か。彼の創造の軌跡にリアルタイムで参加出来ることに感謝したい。

Impulse!

Death and the Flower

キース・ジャレット

キース・ジャレットはこの一枚につまっている

　キース・ジャレットの作品だとどれが一番、この本で取り上げるのにバランスがいいかしらん……と、最初は気軽に聴き直しはじめたんですが、スイマセン、当然ですがこの人の表現は「バランス」とかいってる場合じゃないほど濃ゆいものばかりで、ウンウン唸りながら（ピアノ弾きながら唸るキースみたいに）2日ほどかけて向き合った結果、いわゆる「アメリカン・カルテット」の最終作であるこのアルバムがわりかし重要なんじゃないか、と思ったので選んでみました。

　キースにしてはめずらしいオーヴァーダブを使った構成的な作品で、パーカッション多め、メロディも二重三重に重ねられ、アドリブ・ソロを中心にしたいわゆる「ジャズ」を聴く聴き方だとちょっと戸惑ってしまうようなコレは複雑な内容である。で、実は、『The Köln Concert』(ECM / 1975)に代表されるような彼の即興ソロは、こうした複雑なソノリティをピアノ一本で実現する方向性の試みなのではないか……という見立てですね。

　逆にいうと、彼の初ソロ・ピアノ作品である『Facing You』(ECM / 1971)の濃縮感をバンド・アンサンブル化したものがこのあたりの作品であり、そのままコンサートにおける即興演奏ソロの実験／実践を続けながら、北欧のミュージシャンたちとのカルテットで再び自身のコンポジションを確認し、その後、ゲイリー・ピーコック(p)、ジャック・ディジョネット(ds)との「スタンダード」トリオで、ジャズの古典をテクストにしながら、枠のある中で自身の物語を語り切る試みに入る……と、そんな風にキースの1970sの歩みを考えてみることが出来るんじゃないかと、今回あらためて思ったのでした。

　しかしこの人も多作家で、スタンダード・トリオのアルバムだけで何枚

演奏：Keith Jarrett(p,ss,wood-fl,per),
Dewey Redman(ts,per), Charlie haden(b),
Paul Motian(ds,per), Guilherme Franco(per).

オススメ曲
♪ Death and the Flower
♪ Prayer

サイドB
♪ Lover Man
♪ Solar
♪ All The Things You Are

あるんだろうか？　ウチにあるのは7枚程度にすぎないけど、21世紀に入ってからのも含めると20枚くらいはあるんじゃないか。スタンダード曲を使った表現として、現在あるピアノ・トリオのすべてに影響を与えているといっても過言ではない古典であろう。

　手元にある『ECMカタログ　増補改訂版』（東京キララ社）のクレジットでは、クラシック曲の演奏作品も含めて約80枚のアルバムをキースは同レーベルに残している。

サイドB　1989年録音

Tribute
キース・ジャレット・トリオ

　なかなかな記録だと思う。なかでもこれまでぼくが一番繰り返し聴いたアルバムはこのライブ盤で、特にビル・エヴァンスに捧げた「Solar」におけるトリオのバランス具合はヤバい。みなさんにはここから翻ってマイルス・バンド時代の「Live/ Evil」におけるオルガン・プレイなども聴いてみて欲しいところである。そういえば、マイルス・バンドで一緒にツインでキーボードを弾いてるチック・コリアを取り上げる項がない！　ここに慌ててネジ込むと、やっぱり『Return To Forever』(ECM)が良いんじゃないでしょうか。または『Now He Sings、Now He Sobs』(Solid State)。

🎷 世界音楽のプロトタイプとしてのジャズ

Procession
ウェザー・リポート

脱「アメリカ音楽」時代のいま、新鮮に聞こえる一枚

　家にある音源を掘り出して聴き直しながら（オリジナル・アルバム全部あった！）、「もしかしていま一番聴かれていない音楽ってウェザー・リポートかも……」と思い、山下邦彦氏の『ウェザー・リポートの真実』（リットーミュージック）なども取り出して聴き比べ読み比べ考えること小一日。思い出してみると、1980s後半、ワタシがジャズを聴きはじめた頃にウェザーはもう解散していて、このアルバムのドラマーであるオマー・ハキムの名前はスティングのソロ公演盤『Bring on the Night』で知ったのだった。

　そのあたりから時間を巻き戻すようにして当時CD化されはじめたウェザーのアルバムを聴いていったのだけど、時代はフュージョンもテクノも終わったlate1980s。疑似ワールド・ミュージックだったら坂本龍一の『Beuaty』（1990）が最高！というタイミングだったので、ザヴィヌルのシンセの音がまずアウト・オブ・デイトに聴こえて、その頃あんまりウェザーはピンと来ていなかったんですね。

　つっかえながらも丸ごと聴き終えたのはマイルス研究本『M/D』（河出書房）を書く必要からで、まあlate2000sということになるわけですが、この時点で良く聴こえたのは『Weather Report』『Sweetnighter』『Sing the Body Electoric』など比較的初期の作品。そしていま三度再び聴いてみて一番良かったのが、というか、ようやっと「やりたいことが分かった気がする！」と思えたのが、この『Procession』である。

　「即興から作曲までがシームレスにつながっている楽曲をさらに編集で切る」「おそらくキメとか展開をミスった部分もそのまま使っている」「シンセの音色の設定が微妙」……などなど、ぼくたちが『M/D』において「ミスティフィカシオン」と呼んだマイルス・マナーがここにも働いてお

演奏：Josef Zawinul(key),
Wayne Shorter(ss,ts), Omar Hakim(ds,g,vo).
Victor Bailey(b), José Rossy(per,concertina),
the Manhattan Transfer(vo).

り、さらにそれが全面的にシンセサイズされた空間に溶け込んでそのフレーム自体を滲ませ、しかしそれでもザヴィヌルの強烈なエゴとショーターの大乗仏教性は伝わってくる……という、ホントに奇妙な音楽世界が後期ウェザー・リポートなのである。

アナログ・シンセの響きも（ヴォコーダー！）そろそろちょうど良いアンバイに聴こえてくる、シティ・ポップのこの時代に、いち早く「ジャズ」＝「アメリカ音楽」から抜け出した彼らが辿り着いた「世界」として、このサウンドを聴き直す必要は絶対にある。DJで今度使ってみます。あとウェザーはジャケのセンスが一番の謎。ザヴィヌルの好みなんだろか。

サイドB 1980〜1981年録音

Word of Mouth
ジャコ・パストリアス

Warner

そんなウェザー・リポートに中途加入して一躍大看板になった「フロリダの閃光」＝天才ジャコ・パストリアスの傑作アルバムがこちら。ジャコの自宅庭に24チャンネルのライブ・レコーディング用トラックを駐車させて、オーヴァーダビングを繰り返しながら制作されたとのことで、その成果は冒頭の「Crisis」のスリルに遺憾無くあらわれている。組曲風に構成された後半部分も素晴らしく、しかしジャコはこの作品のあと精神の均衡を崩してドラッグにハマり、1987年、（おそらく）麻薬絡みの暴行を受け負傷死した。享年35歳。

Impulse!

Don't Try This at Home
マイケル・ブレッカー

再評価を待たれる二枚の「フュージョン」アルバム

　フュージョン〜コンテンポラリー・ジャズ（ってなに？）を代表するテナー・サックス奏者マイケル・ブレッカー。みなさんも多分どこかで必ず彼のソロを聴いたことがあるだろうと思いますが（ドナルド・フェイゲンの『The Nightfly』とか）、本人名義のリーダー作の発表は38歳の時と超遅く、ぼくが良く聴くこのアルバムは2枚目にソロ作にあたる。

　曲名に「Reel」とあるのでケルト系民謡がモチーフだろうか、冒頭のEWI（管楽器型のシンセサイザー）の響きとフレージングにまず「おっ！」と思わされる。アルバム・プロデューサーのドン・グロルニックは、たとえば自作『A Weaver of Dreams』（Blue Note）などで「既存曲をモチーフにしたアレンジ」に冴えを見せており、特にシンセによる和声の組み立てに関するこの時期のキーパーソンの一人である。2人の連名による表題曲もEWIを十分に駆使した、当時のリズム感にピタリと寄り添うアレンジであり、ブレッカーのソロも、ハンコック、ジャック・デジョネット、ヘイデンら千両役者揃いのバッキングもすごいですね。

　この時点からはちょいと前だがドンとマイケルを中心に結成されたバンドとしては「ステップス」があり、日本でのライブ・アルバム（というか世界デビュー。場所はかの六本木ピットイン！）『Smokin'In The Pit』（Betterdays / 1981）ではジャズ・マナーに従った彼らのソロを存分に楽しむことが出来る。

　同じく日本において、こちらは人見記念講堂でのライブを捉えたジョン・スコフィールド（g）のアルバムが『Pick Hits Live』（Gramavision）である。こちらのデビューは比較的早く（26歳）、その後1982〜1985カムバックしたマイルス・デイビス・バンドに参加。その間も彼は『Out Like a Light』（Enja / 1983）『Electric Outlet』（Gramavision / 1984）などを発表し、

演奏：Michael Brecker(ts), Mike Stern(g), Don Grolnick(p), Herbie Hancock(p), Joey Calderazzo(p), Jim Beard(syn,p), Mark O'Connor(violin), Charlie Haden(b), Jeff Andrews(b), Jack DeJohnette(ds), Adam Nussbaum(ds), Peter Erskine(ds), Judd Miller(programming).

オススメ曲
♪ Itsbynne Reel
♪ Scriabin
♪ Don't Try This At Home

サイドB
♪ Protocol
♪ Trim

1986年にP-ファンク軍団で活躍していた新鋭デニス・チェンバース(ds)を迎えて、思いっきりファンクネスに寄せたバンドを開始。その最高潮期を捉えたのがこのアルバムだ。

　デニスの2バス・ドラムスから繰り出されるファンク・ビートは当時の日本のジャズ・ファンにはまったく馴染みのないサウンドだったということで、ナマでいきなりこれを見た観客はビックリ、バスドラ一発で観客の腰が思わず浮き上がったそうな。確かにいま聴いてもこのデニスのドラムスはビシビシの音色でカッコいい。チョッパー・ベースとバスドラをビタッとユニゾンさせるこの感じはいま聴くと（再びですが）ちょうどいい感じかもしれない。

サイドB　1987年録音

Pick Hits Live

ジョン・スコフィールド

　というわけでブレッカー（特に「ブレッカー兄弟」作品）やスコフィールド再評価、というか、これらのサウンドを正当に位置付ける作業はまだまだこれからな気がします。まあこの2人はすでにフツーに「巨匠」扱いであって、それは『Flat Out』とか『Meant to Be』（ここにもグロルニックが！）といったジャズ・マナーでも楽しめるアルバムも彼らは作っているからで、16ビートでキメを中心にしたチョッパー・ベース曲ばかりをプレイするクラブDJが盛り上がる時代の到来は、もう少し先、かもね、と、ここでは先送りにしておきましょう。

🎵 世界音楽のプロトタイプとしてのジャズ

Extensions

デイヴ・ホランド・カルテット

「アコースティック+変拍子+ファンク」のオモシロ盤

いまついうっかりと、2項連続で「DJで使える」ことがヨイ、みたいな感じに書いちゃったけど、これはまあ良し悪しというか、パーティ的なところでバエる音と一人でじっくり向き合って最高の音とは重ならないことの方が当然多い。クラブDJで音楽を楽しむことの魅力のひとつは、ある程度固まっているリスニングのための文脈をほぐしたりフォローしたりしながら、他者と一緒に自分たちの文化を再構築してゆく現場を作ることであって、集まった人たちの同質性の中に含まれている細かなオルタナティヴをもっとも速攻で経験することが出来るのがDJなのである。

それはともかく、このアルバムの1曲目「Nemesis」は、アコースティックな変拍子ファンク・チューンという変わった曲なんだけど、DJでプレイするとなぜか毎回フロアがじわじわと盛り上がってくる鉄板曲なのである。フリーからスタンダードまで引き受ける名手ホランドの指揮の下、スティーヴ・コールマン(as)、マーヴィン・スミィティ・スミス(ds)、ケヴィン・ユーバンクス(g)といういわゆる「M-BASE」派チームが縦横無尽に自身の個性を発揮した好盤で、このあたりがいま一番広くウケるサウンドだということは、ちょいと覚えておいてもいいかもしれない。

おんなじECM、おんなじ編成でまた全然別なサウンドを奏でているのがジョン・アバークロンビー(g)、マーク・ジョンソン(b)、ピーター・アースキン(ds)、ジョン・サーマン(bs,ss,bcl)連名によるアルバム『November』である。1曲目「The Cat's Back」はおそらく完全即興一発録りの楽曲で、楽器の音色をじっくりと聴かせる静かなスタートから、一転して激しく細かいフレーズを重ね合う中盤、終盤と、スポンティニアスかつグルーヴィーな名人芸が楽しめる。その他、全編にわたってテンション高めの「現代的ジャズ・ギター」音楽のひとつの完成形であろう。ジョン・サーマン

演奏：Kevin Eubanks(g), Steve Coleman(as), Dave Holland(b), Marvin "Smitty" Smith(ds).

をマイケル・ブレッカーに入れ替えて作られたアルバム『Getting There』(ECM)というのもあるが、ECMの総師マンフレッド・アイヒャーが直接プロデュースしたこっちの方が良くまとまってるかな。

サイドB 1992年録音

November

ジョン・アバークロンビー、マーク・ジョンソン、
ピーター・アースキン、ジョン・サーマン

　　ジョンソンとアースキンというリズム組はECMにおける4ビートサウンドの要のひとつであって、マーク・ジョンソンのリーダー・プロジェクト「Bass Desires」ではこの二人にジョン・スコフィールド、ビル・フリゼール(g)というこれまた現代ギターの最高峰を二人並べて丁々発止の演奏を繰り広げている。アバークロンビーのこのトリオでのアルバムは他に、スタンダード曲をたっぷり取り上げたボストンでのライブ盤、ギター・シンセサイザーを駆使した『Current Events』などがある。

Fragments

ポール・ブレイ

美しいジャズを多数てがけるECMから、気分おちつく一枚

　名盤が数多くあるピアノ・ソロ・アルバムの中でもおそらく確実に5本の指のウチに入るだろう傑作『Open,to Love』(ECM / 1972) を残しているポール・ブレイ。このソロと、あとスティーヴ・スワロー(b)、ピート・ラロッカ(ds)との初リーダー・トリオ『Footloose』(Savoy/1963) あたりはぜひとも聴いておいてもらいたいアルバムだが、ふふふ、ここで取り上げるのは彼がビル・フリゼール、ジョン・サーマン、ポール・モチアンと組んだカルテットでの作品である。

　↑の含み笑いは、この極上のサウンドをすでに知っている人なら「あー、ですよね〜」的にその意味を理解してもらえると思う。各人が自作曲を持ち寄り、それぞれ個性的なタイム感と音色を持った四者が混ざり合って、しかしそこに実現されてあるのは確実にあの独特なリリシズムを湛えたブレイの世界だという奇跡的な一枚がこのアルバムなのです。

　ジョン・サーマンのバスクラにブレイのピアノが単音で重なり、モチアン独特のスネア・ブラッシュが空間を広げ、ピアノの高次倍音をフォローするかのようにさりげなくフリゼールがロング・トーンを忍ばせる……と、めずらしくたっぷりと演奏の情景を書き続けてしまいたくなるようなテクスチャーとストラクチャーがここにはある。ECMの本拠地ノルウェーはオスロのレインボー・スタジオの残響も美しく、「Seven」や「Closer」、「Nothing Ever Was,Anyway」などの楽曲は上記のピアノ・ソロでも演奏されているのでぜひとも聴き比べてもらいたいところである。このカルテットでの録音はもう一枚あって（『The Paul Bley Quartet』/ECM,1988）、こちらも当然最高なのだが、どちらか取れといわれれば1枚目かなあ。美味しいコーヒーや良きウィスキーなど、それ一杯だけで満足出来る飲み物と向き合いながら、じっくりと過ごしたい時間がここにはある。なんちて。

演奏：Paul Bley(p), John Surman(bs,ss,bcla), Bill Frisell(g), Paul Motian(ds).

♪ Memories
♪ Closer
♪ Hand Dance

サイドB
♪ From Time to Time
♪ Mumbo Jumbo

　下手なコピーライターみたいなことを書いちゃいましたが、このサウンドを支えているポール・モチアンはリーダーとしても数多くのアルバム／プロジェクトを残しており、中でもフリゼールおよびジョー・ロヴァーノ(ts)とのトリオをコアにした作品群はジャズ・ファン／ミュージシャン共通の必修アイテムである。

サイドB　1991年録音

Motian in Tokyo
ポール・モチアン

　ポルドールが誇る自社レーベル「Bamboo」からリリースされた世界の古典「On Broadway」シリーズをはじめ、セロニアス・モンク曲集『Monk in Motian』、ビル・エヴァンス曲集『Compositions by Bill Evans』などなど、どれもヒット捻りある名盤中、オリジナル曲を多数聴かせる来日公演を捉えたこのアルバムをオススメしてみたい。多くのミュージシャンをサポートしたモチアンの、独自の世界から学ぶべきことはまだまだ尽きない。

2
0
5

◀ 世界音楽のプロトタイプとしてのジャズ

Fleur Carnivore
カーラ・ブレイ

音楽都市ニューヨークでうまれた、美しい混血ジャズ

　1936年カリフォルニア生まれ。3歳から父にピアノを習い、高校を中退してニューヨークに移住。バードランドのタバコの売り子として多くのミュージシャンのプレイを体験する。ポール・ブレイと知り合い結婚、ロスに移動しブレイのバンドでオーネット・コールマンの演奏を知り影響を受ける。1960s初頭に再びニューヨークに戻り、その後JCOAを設立して【⇨P114】「ジャズの十月革命」に参加……という話はもう書きましたね。

　上記の情報はカーラ・ブレイの運営するWATTレーベルのサイト（www.wattxtrawstt.com）から貰ったもので、このサイト、刑務所を模したデザインになっていて面白いのだが、多分かなり早い時期に作られたジャズ・ミュージシャンのHPのひとつで、カーラはサイトも含めてこのように、レーベル、スタジオ、公演開催その他、自身の活動を人任せにせず、ずっと自主独立の立場を貫き続けた見習うべきミュージシャンの一人である。

　サイトには彼女の作曲作品のリード・シートも「ライブラリー」としておいてあって（DL無料！）約70曲もの譜面を確認出来るのだが、タンゴや賛美歌などの形式を借りながらモダンなコードを響かせる彼女の曲は実に魅力的である。取り上げたアルバムは1970sに続けた中型編成（ホーン隊6人）のバンドを拡大し、オーボエを含めた15人編成で演奏されたライブ録音である。名曲・名演揃いなので入門には最適、特に「Healing Power」はこのヴァージョンが一番好きですね。他にバンド・メンバーにいろいろとヴォーカルを取らせる（ちょいとザッパ風にシニカルでコミカルな）『I Hate to Sing』（Watt）、スティーヴ・スワロー(b)&アンディー・シェパード(sax)とのトリオ『Life Goes On』、さらに大編成での『The Very Big Carla Bley Band』など、聴いて欲しいアルバムは多い。

　プロデューサー／レーベル・オーナー／作編曲家としてカーラと合わせ

演奏：Carla Bley(p), Lew Soloff(tp),
Jens Winther(tp), Frank Lacy(fh,frh),
Gary Valente(tb),Bob Stewart(tuba), Daniel
Beaussier(oboe,fl), Wolfgang Puschnig(as,fl),
Andy Sheppard(ts,cl), Christof Lauer(ts,ss),
Roberto Ottini(b,ss), Karen Mantler(harmonica,
org,vib,chimes), Steve Swallow(b), Buddy
Williams(ds),
Don Alias(per).

オススメ曲
♪ Fleur Carnivore
♪ Ups and Downs
♪ Healing Power

サイドB
♪ This Night Comes Out of Both of Us
♪ Shadow to Shadow

て聴きたいのはキップ・ハンラハンである。ニューヨークにおける人種と
文化の混淆を音楽で描き続けた彼のレーベル「アメリカン・クラーヴェ」
の諸作は、まったくもって極東に住むニッポン人の想像を超える異種勾配
の見本市だ。

サイドB 1979〜1981年録音

American Clave

Coup De Tete
キップ・ハンラハン

　最初にこのレーベルのコンガの音を聴いた時には衝撃を受けた。
ある共同体を象徴する音でありリズムであるのだが、それがそのま
ま都会の孤独を湛えた個人のビートとして成立しているのである。
このアルバムは記念すべき彼の初ソロアルバム。カーラ・ブレイ、
アート・リンゼイらも参加した1980sのはじまりを告げるサウンド
である。このあとキップはロビー・アミーンとオラシオ・エルナン
デスという2人のドラマーによるリズム合奏を得て、さらに奔放に
自身のイマジネーションを展開させてゆく。「Deep Rumba」プロ
ジェクトなど傑作多数。

🎷 世界音楽のプロトタイプとしてのジャズ

Is That You ?

ビル・フリゼール

Elektra Nonesuch

ジャズ・ストリングス・ミュージックの現在と未来

すでに「現代ジャズ・ギターの父（祖父はジム・ホール）」的評価が定着しているフリゼール（またはフリーゼル、またはフリッセル。カタカナ表記いっぱいあった……）ですが、このアルバムが出た当時くらいまではそのヴォリューム・ペダルとリヴァース／サンプル・ループを駆使したエフェクティヴな奏法でなんと「変態」と呼ばれたりもしていたのだった。まったく失礼しちゃいますね。

時を得て振り返ると、ボブ・ディランの「Just Like a Woman」、アーロン・コープランドの「Billy the Kid」などをカヴァーした「合衆国の古典曲」アルバム『Have a Little Faith』(1992)、3ホーン体制で自身のオリジナル曲をまとめた『This Land』(1994)、ドラムスにジム・ケルトナーを迎えたトリオ作品『Gone、Just Like a Train』(1998)……などを経て、2管、3弦＋ギタートリオの8人編成で仕上げた2枚組の大作『History, Mystery』(2008)に至る彼の軌跡は、フツーにそのまま「アメリカ音楽の大家」と呼ぶに相応しい充実したものである。

まあようするに、当時「ジャズ」を聴いていた人たちの耳には、ストリングス・ミュージックによるアメリカーナの系譜がまったく届いていなかったというだけで、これはメセニーとジョンスコにもいえることだが、軍楽隊に出自を持つホーン陣とは違って、ギターやバンジョーといった楽器はそもそもが民族楽器なのである。そのサウンドに寄り添えば寄り添うほど、まだ「合衆」が為されていなかった新大陸の姿が浮かび上がってくるわけだが、フリゼールはこのアルバムで、キーボーディストのウェイン・ホーヴィッツのサウンド・プロデュースを得て、実に大胆にカントリー・ブルースの世界を未来に向けてトバしている。

ダビング／ポスト・プロダクションでもって構成された、冒頭「No Man's

演奏：Bill Frisell(g,banjo, ukulele, cl),
Wayne Horvitz(key,ds,programming,b),
Joey Baron(ds), Dave Hofstra(tuba,b).

Land」の、倍音の少ないシンセの音色に絡み合う数種類のギターとドラムスのフレージングの緊張感は、その残響の巧みな処理も含めて実に映像的だ。スティーリー・ダンとはまた異なったSF的想像力を刺激される音楽であり、ホーヴィッツ曲「Yuba City」なんてそのまんまスチーム・パンク系のヴィジュアルにピッタリのカッコよさである。

サイドB 2008年録音

Nonesuch

History, Mystery
ビル・フリゼール

　ジャズ・ギター奏者としてのフリゼールの活動は、第一にポール・モチァンのトリオでの演奏、第二にさまざまなリズム隊（ドラムス：ジョーイ・バロン、エルヴィン・ジョーンズ、それにジンジャー・ベイカー！なんてのもある）と組んだセッション……という感じだろうか。オススメはジョーイ・バロンのリーダー作で、名人アーサー・ブライス(as)とロン・カーター(b)が参加したアルバム『We'll Soon Find Out』(Intuition)。キャリアが長くいろいろな作品に参加しているミュージシャンなので、ここで紹介されているものを手はじめに気長に楽しんでいただければ。

世界音楽のプロトタイプとしてのジャズ

Naked City
ジョン・ゾーン

モダン・ジャズの「先」を思考する

　1990s後半に雑誌「ユリイカ」でジョン・ゾーンの特集が組まれたことがあり、その時の見出しは「音楽は音とは関係ない」そして「音楽は時間とは関係ない」というゾーンの（彼の初期作品に配置された）マニフェストであった。

　では何なのか？　これは当然、こんな短い項ではサワリに触れることすらムリなシロモノなわけだが、この「〜ではない」という否定を媒介にした語りの背後には、ちょうどこの時期から顕在化しはじめたゾーンのユダヤ民族思想／文化への傾倒が存在している。

　すでに「オーネットのハーモロディクスのやり方でユダヤの旋律を演奏する」ジャズ・グループ＝MASADAは結成されており、ダビデの星を冠した自身のレーベル「TZADIK」もスタートしたところであった。バート・バカラック作品を取り上げた「Grear Jewish Music」シリーズ第1集ももうリリースされていたはずだが、「ニューヨークと日本を行き来しながら、プログラム・ピクチャーやTVアニメ、ハードコア・パンクやハード・バップに影響を受けた作品を作る、きわめて知的なサックス奏者」というこれまでのジョン・ゾーンのイメージを引き継ぐかたちで、ぼくたちはこの時期まだ彼の「自身の民族文化への接近」について、あまりマジメに考えてはいなかったと思う。

　その後のTZADIKの活動履歴はご覧のとおり（TZADIK.COMにいってみてください。サブスクもあるよ）。これら膨大なリリース作品のすべてを合わせたものが現在のジョン・ゾーンの思想であり、音楽であり、この山脈を踏破するための最初の足がかりとして、ここでは彼がこの偉業をスタートさせる以前の1990年にリリースした「バンド」作品＝『Naked City』を紹介したいと思う。

演奏：John Zorn(as), Bill Frisell(g), Fred Frith(b), Joey Baron(ds), Wayne Horvitz(key), Yamatsuka Eye(vo).

　これまですでに登場したフリゼール、ホーヴィッツ、バロンに元ヘンリー・カウ／アート・ベアーズのフレッド・フリス(b)、ゲストにボアダムズの山塚アイ (vo) を加えたこのバンドでゾーンは、多チャンネルのマス・イメージによって包囲されたぼくたちのメディア経験を、緻密に圧縮された作曲によって再構成してみせる。最初の一曲は「Batman」、次はカヴァーの「The Sicikian Clan」である。中でも圧巻は中盤の、8曲連続するハードコア・ピースだろう。

サイドB 1994年録音

DIW

Masada 1
ジョン・ゾーン

　これらのピースは『Grand Guignol』(Avant)において、またマス・イメージ物は『RADIO』(AVANT)において集成されることになる。ジャズ・サックス・プレイヤーとしてのゾーンは『News for Lulu』(Hat Hut)およびオーネット曲集『Spy vs Spy』(Elektra / Nonesuch)で確認することが可能だし、ジャズとはまた異なった即興演奏（およびそのシステム）のための諸作も重要だろう。しかしとにかく、21世紀のはじまりにおけるユダヤ民族思想の全面的展開を音楽によっておこなっているアーティストとして、ジョン・ゾーンの活動は（御年70歳を超えたところだ）国際的な注目度をいや増している。ジョンの意見が聞きたい。

　　　🎵 世界音楽のプロトタイプとしてのジャズ

095 | 1995年録音

Blood on the Fields

ウィントン・マルサリス &
リンカーン・センター・ジャズ・オーケストラ

ジャズ史に忠実な秀才トランペッター

early1980sにおける「神童」ウィントン・マルサリスのシーンへの登場はすでに伝説的なものである。ニューオリンズ出身、奨学金を得てジュリアードに進学し、十代でジャズ・メッセンジャーズに加入、ハタチでコロムビアから初リーダー作『Wynton Marsalis』(1981)を発表。同時に同レーベルのクラシック部門とも契約し1983年にはジャズ／クラシック(「トランペット協奏曲変ホ長調」)の両部門でグラミーを受賞。同時期には引退から復帰したマイルス・デイビス(といわゆる「フュージョン」の音楽)を「ジャズじゃない」と批判。アコースティックなジャズ・サウンド原理主義者として「ジャズとはこうあるべき」という主張を繰り返しながらバンバン作品を制作し、トランペットの腕前は当代最高だが、しかしそのあまりの教条主義者ぶりに辟易するジャズ・ファンも多かったのである。

その後彼は総合芸術施設リンカーン・センターが開始した専属ジャズ・オーケストラの音楽監督に就任(1992)し、まずはデューク・エリントンをテーマにしたコンサートを取り仕切る。毎年開かれるこのオーケストラ企画はウィントンの創作意欲を大いに刺激し、この3枚組のCD『Blood on the Fileds』は1994年に初演、1997年にリリースされた「オペラ作品」で、これでなんとウィントンはジャズ音楽初の(エリントンも取ってない)ピューリッツァー賞を獲得することになるのであった。 [→P36]

さて実際に聴いてみると、日本語ライナーで瀬川昌久氏が解説しているように、これはモノスゴク良くエリントン・オーケストラを勉強して作られた作品だとヒシヒシと感じざるを得ない。各プレイヤー、3人のヴォーカリストの質も文句なく高く、ソロ・パートはそれぞれハッとさせる名演多数である。夜寝る時なんかにちょっとずつ、たとえば「シリーズ20世紀の証言」なんかを観るみたいにして(しかし、オペラ作品なのに、原ライ

演奏：Wynton Marsalis(cond,tp),
Ron Westray(tb), Walter Blanding(ss),
Robert Stewart(ts), Eric Reed(p),
Reginald Veal(b), Herlin Riley(ds), etc.

オススメ曲
♪ Calling the Indians Out
♪ Move Over
♪ You Don't Hear No Drums

サイドB
♪ Ten Steppin'
♪ Lucidarium
♪ Beyond All We Know

ナーのどこを読んでも「lyrics by～」の表記がナイのが若干気になるが
……）、エリントンの『A Drum Is a Woman』(CBS)と比べながら聴くとちょ
うどいい塩梅だと思います。

サイドB　2003年録音

Label Bleu
STEVE
COLEMAN AND FIVE ELEMENTS
LUCIDARIUM

Lucidarium
スティーヴ・コールマン & ファイヴ・エレメンツ

　この巨大な作品とタメるほどの質量を持ったアルバムをジャズ界
で探して、ここはどうしても、アフロ・アメリカン文化のルーツ研
究と実地での調査を踏まえ、しかーしトンデモなくオリジナルな世
界観および音楽に辿り着いたスティーヴ・コールマンの、六人の
ヴォーカルを使ったオーケストラ作品を取り上げたいと思います。
「ファイヴ・エレメンツ」＝「五大元素」ということで、ライナー
ノーツで彼らが語る「M-BASE」音楽の世界観は、科学主義と神
秘主義と文化人類学がリズム構造の中で同居する独特なものである。
とにかく一度聴いてみてください！

Celluloid

Killing Time
マサカー

超絶技巧のプレイヤーによる、超高度なパンク・ロック

イギリスからニューヨークに移住したフレッド・フリス (g) に、ハービー・ハンコックのプロデューサーとして名を上げる直前のビル・ラズウェル (b)、および新鋭フレッド・マー (ds) の 3 人で結成されたインスト・ポスト・パンク・ロック・トリオ。ドラマーが元 THIS HEAT のチャールズ・ヘイワードに変わっての再結成作品もあるけど、本質はこのファースト・アルバムで完璧に録音され尽くしている。

ヨーロッパ・ローカルな変拍子＆モードによるリフをテーマとしてぐるぐる回しながら、ソロはメロディックになることを徹底して避け、三者による打点の合わせとズラしを中心にした即興を展開してゆく——その作業の中で元の旋律と構造自体が、リズムの中でミニマルに解体されてゆく……と、なんとかこのトリオの演奏をコトバにしてみるわけですが、とにかくまず作曲がよく出来ているといわざるを得ない簡潔かつナゾの解けない展開で、たとえば「Bones」という曲は 7 拍子と 6 拍子と 8 拍子と 5 拍子、リズムをキープしてのブレイクとア・テンポになるブレイクが入り交じって、しかしフィーリングは完全にパンクという、いま聴いても超あたらしいサウンドである。

ここにはフリスが経験した late1970s の欧州ロック・シーンのサウンドと、勃興しはじめたニューヨークのあらたな即興音楽シーンとの衝突が刻まれているのだと思う。当時のフリスの旅する姿はドキュメント映画（とサントラ）『Step across the Border』(EVA) に詳しいので確認していただきたい。欧州（といってももちろん一枚岩ではないが）と米国とのあいだにも、やはりリズムとメロディの在り方には大きな差異があるのである。

同時期にイギリスは Rough Trade からリリースされたアルバムが、オーネットの弟子筋にあたるギタリスト、ジェイムズ・ブラッド・ウルマーの

演奏：Fred Frith(g,vo,radio,casio),
Bill Laswell(b,tp),Fred Maher(ds,per).

アルバム『Are You Glad to Bein America?』である。こちらもナゾが多い
ビートで、ブラックネスに充たされたドイツ風マーチ、とでもいうような
硬いんだか柔らかいんだか分からないドラムスのノリは作曲されたものな
のか、それとも単にプレイヤーの個性によるものか？

サイドB 1980年録音

Are You Glad to Bein America ?

ジェイムズ・ブラッド・ウルマー

ファンク・ビートの基本はひとつの大きなループを割ってゆく作
業であるが、ここでロナルド・シャノン・ジャクソンとカルヴィン・
ウェストンの2台のドラムスがおこなっているのは、（歌物2曲を除
いて？）どうもそれとは異なったリズムの捉え方のようなのだ。「ブ
ラック・ロック」といって終わりにすることの出来ない引き攣れが
ここにはあり、そしてこれはオーネット・コールマンの作曲にも共
通したものであるだろう。アルバート・アイラーが驚くべき点とし
て指摘していたのがおそらく、このオーネット（たち）に独特のリ
ズム・フィールである。このリズムを作曲として取り出すこと。

世界音楽のプロトタイプとしてのジャズ

歩く人
コンポステラ

ライブハウスには人生を変える音がきっとある

　普段はあんまりこういうことは思わないのだが、コンポステラというユニットのライブを見逃したことはいまでも残念に思っている。

　高校3年の時に、休み時間にディスクマンでチャーリー・ヘイデンなんかを聴いていたのを見つかって、それをきっかけに国語の教師と仲良くなり（K先生元気ですか？）、彼からいくつかのレコードをテープにダビングしてもらった。その中に出たばかりのコンポステラのアルバムがあって（あとA-Musikや、ウィレム・ブロイカー・コレクティフなど。なんか1970sくらいの話みたいですが、えーと、1990年です）、正確なタイトルは「篠田昌已ソロ／コンポステラ」だと思うのだが、確かテープには「コンポステラ」とだけ書いてあった。

　一聴してその不思議な魅力に驚いた。現在ではクレズマーやチンドン、ブレヒト劇やビクトル・ハラの音楽などをすでに知っているので——いや、こう書いてみて、コンポステラの音楽はこのどれでもあるけど、やはりどれとも違う独特なものなので、いまはじめて聴いても驚くと思うし、何度繰り返し聴いてもそのサウンドはマジカルなものである。篠田昌已(as)、中尾勘二(ss,ts,tb,ds)、関島岳郎(tuba)という3人によるメロディとアンサンブルは、都市の露天から星が巡る草原までをつなぐ大道があることをはっきりと示唆してくれる音楽だ。こういう場所にある音をもっと聴きたいと強く思い、しかしその2年後、ぼくがハタチの時に篠田昌已は心不全によって死去した。享年34歳。

　コンポステラのアルバムは上記の篠田ソロ名義のものと、『一の知らせ』(puff-up)、『WADACHI』(Tzadik)があるが、ここでは比較的現在でも入手しやすいと思われるCD『歩く人』を推薦しておく。中尾氏と関島氏は現在でもご健在でバリバリ活動を続けておられるので機会があればぜひライブ

演奏：篠田昌已(as), 中尾勘二(ss,ts,tb,ds), 関島岳郎(tuba).

に足を運んで欲しい。この二人が組んでいるバンドとしてはストラーダ（中尾、関島、桜井秀樹(g)、久下恵生(ds)）があります。

　現役バリバリという話では、御歳70を超えられた林栄一(sax)氏はまったく衰えを見せないまま、ほぼ毎日（というのがジャズメンの通常ではあるが）現在でもどこかのライブハウスでプレイをし続けている。

サイドB　1990年録音

マズル
林栄一＆マズル

　上述のアルバムはツイン・ベース／ツイン・ドラムスによる記念すべき初リーダー・バンド作。その他、山下洋輔プロデュースによるスタンダード集『Monalisa』(Omagatoki)、渋谷毅をゲストに迎えた『Monk's Mood』(King)、故・片山広明との双頭ユニット『デ・ガ・ショー』(Omagatoki)、早坂紗知(as,ss)、川嶋哲郎(ts,ss)、吉田隆一(bs)、永田利樹(b)とのサックス・カルテットによるアートワークも最高な『Black Out』(NBAGI Record)など好盤多数。まずはライブに！

🎷　世界音楽のプロトタイプとしてのジャズ

北京の秋

清水靖晃

日本のポスト・モダンを体現する一枚

近年、ソロ作『案山子』(1982)およびマライヤ『うたかたの日々』(1983)など、Betterdaysで制作された諸作が海外レーベルからリイシューされるなどにわかに旧作が注目を集めている清水靖晃。長いキャリアを誇り、現代日本屈指の映画音楽作家でもある彼の音楽の全貌は捉えがたいが、「清水靖晃＆サキソフォネッツ」名義でのソロ・アルバム『北京の秋』(1983)を、この百選の中に滑り込ませておくことで、1980sという時代における「ジャズ」の在り方を捉え直すための布陣としておきたい。

というのは何かというと、このアルバムは彼自身がアレンジの筆を振るい、そして当然自分でもサックスを吹いた「Standerd with Strings」ものなんですね。シンセの響きを中心にしたポップスが全盛期に入ろうとするこの時期に、わざわざ生ストリングスを使って「Just One of Those Things」「Night & Day」「As Time Goes By」なんかを録音しようとするのは随分と時代錯誤な振る舞いであって、しかしこのオケが甘味と苦味がほど良く配分された絶品なんですよ。

「I'm A Fool To Want You」なんて「Lady In Satin」のアレンジにわざわざ管弦楽の前奏をさらに追加して忠実にコピーするという凝りようで、低音部分だけシンセ・ベースにしたり、プロデューサーにリン・ドラムスを叩かせたりと、「意味不明な部分がなければ作品じゃない」といわんばかりの、コレが真正のポスト・モダニズム作品である。

このアルバムと並べて聴きたいのはハワード・ショア作曲、ロンドン・フィルハーモニー演奏、フューチャリング・オーネット・コールマンのオリジナル・サウンド・トラック（OST）『Naked Lunch（裸のランチ）』である。

オーネットには1960sに、コンラッド・ルークスというボンボンが大金

演奏：清水靖晃 (ts), 坂本龍一 (p),
山木秀夫 (ds), 生田朗 (linn), 渡辺モリオ (b),
久保修平 (tuba), etc.

を投資して作った自叙伝映画『チャパクア』のための音楽があるのだが、自身のアレンジしたストリングスの上で90分間吹きまくるオーネットの楽曲に映画の方が耐えられず不採用となり（音源だけ発売）、その約25年ぶりのリベンジがこのサントラだ。

サイドB 1991年録音

Naked Lunch
OST

　原作はもちろんウィリアム・S・バロウズ。オーネットとはモロッコつながりでもあるが、『ヴィデオドローム』『ザ・フライ』『羊たちの沈黙』を手がけた名匠ハワード・ショアたっての依頼だったそうで、ショアのスコア（と映画）をオーネットは「ハーモロディック！」と絶賛している。結果としてこのコラボは大成功で、トリオでの演奏、およびモンク「Misterioso」を伴奏にしてのオーネットのソロというめずらしいシーンも飛び出す、サックス＋オーケストラ作品の最高峰が出来上がった。この2作品は「これから音楽をやりたい！」と思っている人ならぜひチェックして欲しい、ジャズが生み出した特殊な管弦楽曲である。

🎵 世界音楽のプロトタイプとしてのジャズ

Warner

Art of the Trio 4:
Back at the Vanguard

brad mehldau

ブラッド・メルドー

近年、もっとも大きな影響をもつピアニスト

1990sにリーダー・アルバム・デビューしたプレイヤーの中でも、ブラッド・メルドーはもっとも広く現在のジャズに影響を与えているピアニストであろう。1999年リリースのこのライブ盤（ヴィレッジ・ヴァンガード！）の1曲目、「All the Things You Are」のアレンジは当時かなり衝撃的なものであった。

全音＋付点2分音（7拍）のメロディをフレームに使って曲全体を高速の7拍子に変換し、その上で三者が丁々発止のやりとりを繰り広げる……と、書いちゃうとアイディア自体はわりあいシンプルだけど、「キメで合わせない変拍子でスウィングする」ことがカッコいいという感覚はおそらく、この演奏の完成度の高さからスタートしているのである。

詳しくはメルドーの自筆ライナーを読んでいただきたいが（彼は筆が立つ）、ポイントは単なる「odd meter（変則拍子）」や「metric modulation（拍子の再分割）」の採用ではなく、その上で三者がクラーヴェ的表現をさまざまに試みているところであり、このコンセプトを使えば長めの旋律で出来たスタンダード──たとえば「Night & Day」とか──を使って、リズムだけでもかなりの即興が出来るのである。キース・ジャレットの「Solar」とこのアルバムでのそれとを聴き比べてみるのも一興である。メルドーにはさらに強力にリズムと音色に特化したマーク・ジュリアーナ(ds)とのシンセ＆ビート・ミュージック・プロジェクト＝Mehlianaもある。

世界の音楽の中で、途中で「拍子」が変わる曲というのは、最後までそれが変わらないものに比べていてどれくらいの割合をしめるんだろうか。日本（の近世音楽）ではそもそも拍が伸び縮みすることが前提であったりもするけど、アルメニアにルーツを持つティグラン・ハマシャンの楽曲は基本が変則拍子である。このアルバムはヴォーカルおよびライブ・エレク

演奏：Brad Mehldau(p), Larry Grenadier(b), Jorge Rossy(ds).

オススメ曲
♪ All the Things You Are
♪ Solar
♪ Exit Music (For a Film)

サイドB
♪ Song for Melan & Rafik
♪ Lilac

トロニクスを導入し大々的に自身の世界観を展開させた大作。2曲目「Song for Melan & Raflik」のベースとドラムスのサウンドはほとんどメタルを思わせるバチバチ加減である。

サイドB 2014年録音

Mockroot
ティグラン・ハマシャン

　このあたりあんまり詳しくないから迂闊なことは書けませんが、「春の祭典」からプログレを経由して日本のアニメ音楽まで、展開とキメの多い楽曲が好きな人にはバッチリの音楽である。ジャズは21世紀の現在、その歴史を踏まえながら、各人が自身の民族的ルーツを探索＆再構成するための基本的な材料となっているように思う。インターネットによる世界各国との接続と、デジタル化された過去の現前を再び、自身の身体へと落とし込んでゆく作業が、これからのミュージシャン（そしてリスナー）には求められるだろう。

Blue Note

Double Booked
ロバート・グラスパー

ネオ・ソウル&ヒップホップを聴いた世代のジャズ

　現代ジャズの立役者の一人、ロバート・グラスパーは2003年に『Mood』でリーダー・デビュー。その後『Canvas』(2005)、『In My Elements』(2007)とピアノ・トリオでのアルバムを続け、4作目のこのアルバムで前半をこれまでと同じアコースティックなピアノ・トリオで、後半の6曲を「エクスペリメント」として、全面的にフェンダー・ローズを使用し歌モノも含めたネオ・ソウル&ヒップホップ的なサウンドで構成している。

　耳新しく響くのはやはり、全編にわたってドラムを叩いているクリス・デイヴの音色とフレーズである。彼は1973年生まれで、ということはThe Rootsのクエスト・ラヴと同世代で、late1990s〜early2000sに緻密なスタジオ・ワークによる傑作をモノにしたいわゆる「ソウルクエリアンズ」組のサウンドが、ここで「ジャズ」の内側に、再び「生演奏」という回路に接続されて回帰したのであった。

　ポスト・プロダクションで生まれたサウンドを生演奏で再現する、というネジれた「実験」がこの時期のグラスパーの音楽の聴きどころのひとつであり、たとえば9曲目「Festival」のドラム・サウンドは、ブルーノートの伝統に基づいて（アート・ブレイキー！）滅茶苦茶に近く定位されてあったりする。

　ここで得られた知見を元に大ヒット作「Black Radio」シリーズが作られることになる、というわけだが、同じタイミングで六つほど年下のエスペランサ・スポルディングが同じく「ラジオ」をテーマにした『Radio Music Society』(2012)をリリースしているのは興味深いところだ。

　彼女が自身のヴォーカルとベース・プレイを存分に披露したのは2ndアルバム『Esperanza』(Heads Up)からだろう。1曲目はショーターの『Native Dancer』と同じ「Ponta De Areia」で、その堂に入った歌唱から最初はブ

演奏：Robert Glasper(p,fender rhodes),
Casey Benjamin (as,vocoder),
Derrick Hodge(b), Chris Dave(ds),
Jahi Sundance(turntables),
Terence Blanchard(vo), Mos Def(vo),
Bilal(vo).

オススメ曲
♪ No Worries
♪ Butterfly

サイド B
♪ Ponta De Areia
♪ I know You Know

ラジル・ルーツのミュージシャンだと勝手に思っていたのでした（オレゴ
ン州出身とのこと）。小柄な彼女がアコースティック・ベースを弾きなが
ら唄う姿には強いインプレッションがあり、また、そのまま単に一流の
ジャズ・ベーシストとして活躍することも出来ただろうが、プリンスとの
共演などの影響もあってか、彼女はグングンその活動の領域を拡大させて
ゆく。

サイド B 2007年録音

Esperanza
エスペランサ・スポルディング

　「Emily」という別のペルソナを前面に押し出した、演劇的とでも
いえるような『Emilly's D + Evolution』(2016)。世界的なマジック・
メンターであるアレハンドロ・ホドロフスキーからの影響を受けた
『12 Little Spells』(2018)など、彼女はすでに「ジャズ」という枠で
はまったく捉えられない場所で音楽を作り、発表している。音楽を
通して個人を発見し、世界に対してその振る舞いを認めさせること
が「ジャズ」の大きな魅力だったとするならば、エスペランサが選
んだこの展開は、「ジャズ」という音楽がすでにあたらしいフェイ
ズに入っていることを示しているはずである。

🎷 世界音楽のプロトタイプとしてのジャズ

おわりに

Ending

　お終いに、ここに紹介したジャズを聴くにあたっての参考書として、コレは読んどいて間違いないよ、というものを最小限の数で挙げておきたい。ジャズ史およびアメリカ音楽史については『ジャズの歴史物語』（油井正一、KADOKAWA）と『アメリカ音楽史』（大和田俊之、講談社）。ジャズメンたちのアレコレについては『マイルス・デイビス自叙伝』（マイルス・デイビス／クインシー・トループ、シンコーミュージック）と『ジャズ・イズ』（ナット・ヘントフ、白水社）。第3章以降の音にとっくむための理論書として『インプロヴィゼーション』（デレク・ベイリー、工作舎）と『地表に蠢く音楽ども』（竹田賢一、月曜社）。気楽に読むエッセイとして、植草甚一のスクラップ・ブック・シリーズの、例えば『コーヒー一杯のジャズ』（晶文社）など……。

　そして我が国には、世界的に見ても特殊な、「ジャズのレコードを聴かせる」ことを主眼とする「ジャズ喫茶」というお店が存在しており、コレ実は首都圏だけでなく各地方都市にも点在しているので、ご近所に見つけたら一度遊びに行ってみるのはいかがでしょうか。これらの、そしてこの本に書かれているアルバムをサカナにいろいろと店主（や、お客さんたち）と話をしていただければ幸いです。では。

ARLIE CHRISTIAN " 1941 "

. Parker " Direct From SP" / with Strings

The BUD POWELL TRIO / AMAZING BUD

. Thelonius Monk TRIO / The Blue Note Years

. Art Blakey . Birdland の夜 / ムーンジンパ夜.

. Cliford Brown " Study in Brown " / Basin Street "

. Horace Silver " Song for my father" / Silver'n brass

" Work time " / Saxphone Couless

. Sonny Rolins * Relaxin' / " Miles Ahead "

. Miles Davis ← John Lewis " A-hum" / Fable of Fahu   MJQ

. C. Mingus | MJQ "Fontessa" /   Hank Mob

" 4.5 & 6 "   Nica's Tempo "

. J. Mclive / S. Clark   " The trio

. ジジ・クライス / ジョージ・ラッセル

. トミー・フラナガン / J.J.Johnson デトロイト シカゴへ "

. ハンプトン・ホーズ / ソニー・マン

. オリジナル・マリガン / nightlights

. Subconcius Lee / Konitz with Marsh   Cool L

. Timeout / Desmond blue

. Art Pepper +11 / Stan Getz

. under cuннt / Waltz for Debby Bingto Bla

            あなたと夜と音楽 / So

. Coltrane   out there! /

Dolphy   Something Make /

On the   ブラニ・モー / コンサ物

20世紀ジャズ名盤100

2024年4月30日　初版第1刷発行

著者	大谷能生
イラストレーション	ポッポコピー
ブックデザイン	新井大輔
発行人	永田和泉
発行所	株式会社イースト・プレス
	〒101-0051
	東京都千代田区神田神保町2-4-7
	久月神田ビル
	Tel. 03-5213-4700
	Fax.03-5213-4701
	https://www.eastpress.co.jp
印刷所	中央精版印刷株式会社